OS 7 PILARES DO SUCESSO EM VENDAS

OS 7 PILARES DO SUCESSO EM VENDAS

REJIANO VEDOVATTO
CÉSAR FRAZÃO

1ª edição

BestSeller

Rio de Janeiro | 2019

CIP-BRASIL. CATALOGAÇÃO NA PUBLICAÇÃO
SINDICATO NACIONAL DOS EDITORES DE LIVROS, RJ

F927s
    Frazão, César
    Os 7 pilares do sucesso em vendas / César Frazão, Rejiano Vedovatto. – 1ª ed. – Rio de Janeiro: BestSeller, 2019.
    : il.

    Inclui bibliografia
    ISBN 978-85-465-0181-6

    1. Vendas. 2. Sucesso nos negócios. I. Vedovatto, Rejiano. II. Título.

                                    CDD: 658.85
19-55822   CDU: 658.85

Leandra Felix da Cruz – Bibliotecária – CRB-7/6135

Texto revisado segundo o novo Acordo Ortográfico da Língua Portuguesa.

Copyright © 2019 César Frazão e Rejiano Vedovatto.

Todos os direitos reservados. Proibida a reprodução, no todo ou em parte, sem autorização prévia por escrito da editora, sejam quais forem os meios empregados.

Direitos exclusivos de publicação em língua portuguesa para o mundo adquiridos pela
Editora Best Seller Ltda.
Rua Argentina, 171, parte, São Cristóvão
Rio de Janeiro, RJ – 20921-380
que se reserva a propriedade literária desta edição.

Impresso no Brasil

ISBN 978-85-465-0181-6

Seja um leitor preferencial Record.
Cadastre-se no site www.record.com.br e receba informações sobre nossos lançamentos e nossas promoções.

Atendimento e venda direta ao leitor
sac@record.com.br

Mesmo este sendo o 19º livro da minha carreira, ainda me emociono e sinto os olhos lacrimejarem neste momento. Dedico este livro:

- A meu pai, Claudio (que não está mais entre nós), e a minha mãe, Ligia, por terem me criado com os melhores valores possíveis em meio a tantas dificuldades. Muita gratidão!
- A minha esposa, Neliane, e meus filhos, Letícia, Samara e Cesar. Vocês são minha fonte de motivação. Está sendo uma delícia esta passagem na vida ao lado de vocês.
- A todos os vendedores que escolheram ganhar a vida da maneira correta. Este livro prova que é possível ficar rico vendendo honestamente. A maior malandragem do mundo é ser honesto e viver livre.
- Ao meu novo colega de profissão Rejiano Vedovatto, que tive o prazer de conhecer em 2017. Nada na vida acontece por acaso. Tenho certeza de que o aluno será muito melhor que o professor. Você é brilhante!

César Frazão

Após mais de vinte anos como vendedor e dez anos estudando o comportamento e os resultados de vendedores, vivo um momento único em minha vida: escrevo meu primeiro livro. Todas as palavras do mundo são insuficientes para externar minha emoção neste momento. Dedico este livro a:

- Meu pai, David, e minha mãe, Lourdes, por terem transferido com muito esforço seus valores e sua perseverança na luta pela realização dos nossos sonhos e a todos os meus irmãos, por me incentivarem a continuar sempre. Muito obrigado!
- A minha esposa, Eliane, e meu filho, Davi José, pelo apoio incondicional e por acreditarem em tudo o que desenvolvo e a que me dedico. Vocês são meu porto seguro. Amo vocês!
- A todos os alunos Executivos de Vendas, por estarem conosco e acreditarem em nosso trabalho. A energia que recebo de vocês é meu combustível para buscar sempre o melhor.
- Ao meu mestre César Frazão, por todos os ensinamentos recebidos ao longo de mais de vinte anos de profissão e principalmente pela oportunidade de dividir essa experiência literária. Eternamente grato!

Rejiano Vedovatto

SUMÁRIO

Prefácio 11
Introdução 15

PILAR N. 1:
Planejamento

Executivos de vendas campeões planejam com
antecedência 17
Três fatores fundamentais para garantir seus bons
resultados 19
Definindo seu cliente ideal 22
Taxa de conversão 25
Ciclo de vendas 26
IR (Índice de Retorno) 28
Tipos básicos de planejamento 29

PILAR N. 2:
Prospecção

Executivos de vendas campeões prospectam continuamente	37
Mailing para prospecção	44
Sinais de que você está prospectando de forma errada	45
Abordagem	46
Credibilidade	50
Apresentação adequada	52
Educação	54
Novas ideias	56

PILAR N. 3:
Fazer um diagnóstico preciso

Executivos de vendas campeões ouvem com atenção e entendem a real necessidade do cliente	59
Perguntas: de situação, de problema e de implicação ou consequência	62
As perguntas eliminam preconceitos e achismos	72

PILAR N. 4:
Propostas de vendas irrecusáveis

Vendedores de alta performance apresentam propostas irrecusáveis!	75

Desenhe na mente do seu cliente 83
Lei do contraste e visão míope em vendas 84
Cuidado com o óbvio 85
Conte histórias e venda mais 88
Por que histórias são importantes em uma
 apresentação? 89
Depoimentos em vídeos e fotos 90

PILAR N. 5:
Negociar bem e fechar muitas vendas

Vendedores bonzinhos não ganham dinheiro 93
Planejamento 94
Persuasão 95
Execução 99
Fechamento 100
E quando o cliente diz "Vou pensar.
 Me ligue amanhã"? 101
Técnicas práticas para fechamento de vendas 102
38 ideias e dicas para fechar vendas 106

PILAR N. 6:
Garra e metas

Vendedores de alta performance têm muita garra e
 atingem suas metas 111
Foco nos números 112
Quadros de vendas e anotações 113

A mágica da contagem regressiva 113
Use o poder da sua mente 114
Blindagem contra fofocas e pessoas negativas 120

PILAR N. 7:
Autogestão

Vendedores de alta performance fazem uma boa gestão
    pessoal 123
Administração de tempo para vendedores 123
Ladrões do tempo em vendas 124
Evite reuniões estúpidas 125
Delegar para focar 127
O poder do foco em vendas 128
Ser produtivo e não ocupado 129
Finanças pessoais para vendedores 130
Saia das dívidas e reorganize suas contas 131
O hábito de poupar 133

Conclusão 139
Referências bibliográficas 141

PREFÁCIO

Em minha jornada como empresário e palestrante, sempre fui apaixonado pelo mundo das vendas. Vender para mim é uma arte, uma habilidade que, se dominada e bem estudada, nos leva à realização de nossos maiores sonhos. Outra coisa sempre me fascinou quando se trata de vendas: **é você que decide quanto vai receber no fim do mês**. Enquanto na maioria dos cargos dentro de uma empresa o salário é fixo, no das vendas você se torna sócio da empresa em que trabalha ou a qual representa, com uma vantagem adicional: enquanto os outros sócios têm receita e custos (podendo até ter prejuízos), o profissional de vendas fica só com o lado das receitas.

Tive o privilégio de capacitar mais de 1 milhão de pessoas no Brasil e nos Estados Unidos. E só uma coisa me deixa aborrecido: aquilo que chamo de *"Mito do Vendedor Nato"*, uma conversa que você ainda ouve nas rodas tipo "vendedor nasce pronto" ou "vendedor não precisa estudar". Nada poderia ser mais falso que isso. **Vender é uma virtude e não um dom** e, por isso, é possível e necessário que você aprenda a trabalhar com excelência. Ninguém nasce engenheiro, contador ou odontólogo, é preciso estudar e muito para se tornar um especialista no assunto, o que é exatamente o caso dos vendedores. A literatura oferece milhares de obras relacionadas ao assunto, mas quase todas elas apresentam um aspecto que não me agrada: são excessivamente teóricas, distantes da realidade de quem acorda todas as manhãs para fazer o seu dinheiro. É por isso que saúdo a chegada da obra de César Frazão e Rejiano Vedovatto *Os 7 pilares do sucesso em vendas*. Trata-se de um conteúdo 100% prático escrito por duas pessoas que vivem no dia a dia todos os desafios do universo das vendas e, por isso, colocam com extrema clareza, profundidade e simplicidade hábitos que farão de você um profissional de vendas acima da média.

É importante ressaltar um aspecto essencial: **nossa vida só muda quando mudamos nossos hábitos.** Muitas vezes o que fazemos em nossa jornada pessoal ou profissional tem pouco valor, mas quando transformamos algo em hábito, alcançamos um patamar de evolução. Se hoje você caminhar uma hora depois do trabalho e não estiver acostumado a praticar exercícios, provavelmente se sentirá cansado e sem forças. Entretanto, se você caminhar durante uma hora três vezes por semana provavelmente se tornará uma pessoa mais saudável e terá uma qualidade de vida muito maior porque incorporou um hábito transformador à sua rotina. **Neste livro César Frazão e Rejiano Vedovatto apresentam a você os hábitos dos vendedores campões.** Os autores se tornaram referência naquilo que fazem porque treinaram centenas de milhares de profissionais de vendas, do vendedor de loja ao corretor de imóveis, do empresário ao profissional liberal que precisa aprender a vender seu trabalho para se manter no mercado.

No Pilar N. 1 eles abordam o planejamento, talvez um dos mais importantes hábitos a serem adquiridos para sair do estágio que separa vendedores comuns de vendedores diamantes, aqueles que brilham. Infelizmente, muitos vendedores ainda vivem seu dia sem o mínimo de planejamento e organização e acabam perdendo muito dinheiro. No Pilar N. 2 o assunto é prospecção, porque nada pode ser pior para um vendedor do que depender de poucos clientes. Todos os vendedores campeões que conheci em minha vida tem uma meta semanal de novos clientes para renovar sua carteira. No Pilar N. 3 o assunto é diagnóstico, quebrando o mito de que um vendedor bom é aquele que fala muito, quando a verdade é que os campeões de vendas são especialistas em fazerem perguntas. Como digo em minhas palestras, **em vendas é preciso entender para atender!** O Pilar N. 4 fala de propostas de vendas, nas quais você vai construir uma linha de argumentação capaz de criar valor e depender menos do fator preço. Muitos vendedores sofrem excessivamente com o fator preço porque não conseguem detectar a dor de seu cliente e apresentar seu produto/serviço como a solução para os problemas. No Pilar N. 5 o tema é negociação e fechamento. Nesse capítulo os autores nos mostram como negociar com compradores cada vez mais preparados e bem informados, prevenindo que você não se torne presa fácil para pedidos de descontos e aumento de prazos. Reforço ainda algo que parece óbvio, mas não é: sempre tente fechar, muita gente não vende mais porque não faz um fechamento mais forte e acabam caindo na armadilha de clientes indecisos. No Pilar N. 6 , César Frazão e Rejiano Vedovatto nos ensinam a importância da atitude e do foco em resultados no mundo das vendas. A vida das pessoas não muda quando elas mudam de emprego, a vida das pessoas muda quando elas mudam de atitude, e isso em vendas é fundamental. Para fechar com chave de ouro, no Pilar N. 7 os autores nos falam sobre autogestão, mostrando que não podemos mais depender de outras pessoas todos os dias nos motivando. Precisamos ser comprometidos com nossos sonhos e projetos de vida acima de tudo.

Gostaria ainda de deixar um conselho que foi de grande utilidade em minha vida tanto como leitor quanto como aprendiz assistindo a uma palestra ou um treinamento de vendas, o que faço até hoje: quando você ler ou ouvir algum conceito de vendas, não pense se sabe aquilo que está escrito ou foi dito e sim **pense se você está fazendo, se está colocando em prática aquele conselho**. De todas as frases que cito, talvez nenhuma tenha tanta veracidade como esta: **"Saber e não fazer é o mesmo que não saber."** Nosso valor será medido cada vez menos com base na quantidade de informações que temos e cada vez mais pela nossa capacidade de colocar em prática o aprendizado adquirido e nossa capacidade de gerar resultados.

Delicie-se agora com a obra de César Frazão e Rejiano Vedovatto. Eles somam anos de experiência com a capacidade de se reinventarem e de serem vanguarda no Brasil na nobre arte de formar vendedores campeões. Você tem nas mãos um mapa, uma verdadeira bússola que vai conduzi-lo ao topo.

Boa leitura!

Eduardo Tevah
Empresário e palestrante

INTRODUÇÃO

Este livro é baseado em fatos reais.
As dicas que você vai ler aqui são fruto do convívio com milhares de ótimos vendedores ao longo dos anos — e da análise do comportamento deles. São campeões de vendas que ganham muito dinheiro e se destacam em seus respectivos mercados.
Mas, afinal, por que alguns vendedores dão certo e outros não? Por que alguns são bem remunerados, enriquecem e outros passam necessidade a vida inteira? Existe algum segredo?
Sim! Observamos que os melhores vendedores do mundo possuem 7 hábitos em comum. Se você conhecer esses hábitos e aprender a aplicá-los em seu trabalho, também se tornará rico e bem-sucedido. Se funciona com eles, por que não funcionaria com você?
Nesta leitura você aprenderá estratégias, novas ideias, técnicas, comportamentos e posturas que o levarão a um novo patamar nas vendas. Nossa expectativa é que ela seja um divisor de águas na sua vida.

As oportunidades são imensas nos dias atuais. Há muitos novos produtos e serviços entrando no mercado, que se modifica e cresce o tempo todo. A área de vendas é maravilhosa, um verdadeiro oceano de possibilidades.

Para se tornar um campeão em vendas não existe mágica: tudo é uma relação de causa e efeito. Essa é uma das poucas profissões nas quais você consegue ficar rico rápida e honestamente em poucos anos se fizer a coisa certa. Isso mesmo, se fizer a coisa certa.

PILAR N. 1: PLANEJAMENTO

Executivos de vendas campeões planejam com antecedência.

Caro vendedor, cara vendedora. Se você busca aprimorar-se para vender mais e ganhar mais dinheiro, não é por acaso que este pilar vem em primeiro lugar. Ele é a base de toda boa venda. É o alicerce, o início de tudo.

Sem ele, a venda se torna muito mais difícil e trabalhosa. Costumo comparar este pilar com a parte inferior de um iceberg: você não a vê, mas ela está lá e constitui toda a força do poderoso bloco de gelo.

Ao longo dos anos, tive e venho tendo a rara oportunidade de conviver com muitos campeões e campeãs de vendas. Isso me proporcionou o incrível privilégio de poder estudá-los e aprender com eles os segredos e os caminhos da arte de vender.

Sem dúvida alguma podemos afirmar que esses indivíduos têm alguns fatores em comum que fazem deles campeões. Um desses fatores é o PLANEJAMENTO.

Planejar e se preparar nunca foi uma grande paixão para a maioria dos vendedores medianos que conheço. Muitos o fazem apenas porque a empresa ou as circunstâncias exigem que se obedeça minimamente a esse fundamento.

Posso garantir que, se você quiser fazer parte do seleto time de grandes executivos de vendas, vai precisar dedicar uma parte do seu tempo produtivo para se preparar e planejar.

Vender se parece muito com o que Sun Tzu diz em seu livro *A arte da guerra*: "Na natureza existem diferentes tipos de terrenos: o acessível, o traiçoeiro, o duvidoso, o estreito, o acidentado e o distante". Quem pretende vencer a batalha tem que se preparar para atravessá-los de maneiras diferentes, de acordo com as peculiaridades de cada um.

Não importa se os seus clientes são empresas ou o consumidor final: você precisa negociar com pessoas, e de maneira geral encontrará muitas dificuldades pelo caminho. Sempre há aqueles mais acessíveis, outros não muito confiáveis, outros despertarão dúvidas e farão você avaliar profundamente se realmente deve concretizar a venda, alguns brigarão pelo preço, outros serão extremamente pragmáticos e difíceis de convencer. Haverá, por fim, aqueles que adoram o produto ou serviço fornecido pela concorrência, dificultando até mesmo uma abordagem.

Por tudo isso, os grandes executivos de vendas costumam se preparar e planejar as estratégias certas para cada tipo de terreno que possam encontrar em um processo comercial.

Algumas pessoas preferem contar com a sorte para alcançar seus objetivos e metas. Mas saiba que a sorte aparece quando a oportunidade encontra a preparação. Perceba que até mesmo um relógio parado acerta a hora duas vezes ao dia. Se você não estiver preparado, com uma ótima estratégia definida, quando as oportunidades aparecerem — e, sim, elas vão aparecer — você terá dificuldade até mesmo para identificá-las.

Segundo a Wikipédia, planejamento significa "ação ou efeito de planejar, de elaborar um plano. Determinação das etapas, procedimentos ou meios que devem ser usados no desenvolvimento de um trabalho". Ou seja, planejar significa antecipar. Quanto mais você planeja, mais antecipa possíveis situações e problemas que podem acontecer durante a execução do seu trabalho. Já estratégia, segundo o dicionário, significa "meios desenvolvidos para conseguir alguma coisa" — em outras palavras, são os caminhos que devemos seguir para atingir nossos objetivos.

Falando assim, parece que basta fazer um bom planejamento, traçar uma estratégia, se preparar e as coisas acontecerão por si sós. Só que não! Os resultados dos grandes executivos de vendas se estruturam sobre a junção de três fatores fundamentais.

Três fatores fundamentais para garantir seus resultados

1. O primeiro fator fundamental é o objetivo, a clareza de propósito. Esse fator é o primeiro a ser estabelecido para que você saiba exatamente aonde quer chegar. Isso precisa estar especificado de forma clara,

sem dar margem a dúvidas. Qual é o seu objetivo? Aonde quer chegar? Em que data? Nas condições que possui hoje, isso é alcançável ou será necessário um esforço maior? Quais ações? Qual é a relevância pessoal desse objetivo?

2. O segundo fator fundamental é exatamente o assunto da nossa conversa neste capítulo: ter um plano bem elaborado e se preparar para chegar ao objetivo. Ter um plano e estar preparado é ser agente de transformação, buscando e desenvolvendo soluções antecipadamente e não apenas vivendo de forma reativa. Não é produtivo responder às ações que o mercado nos impõe depois que já aconteceram.

3. O terceiro fator fundamental, e não poderia ser diferente, é a execução. Além de ter muita iniciativa, os grandes executivos de vendas possuem muita "acabativa". Eles costumam colocar seus planos e seus conhecimentos em prática, levando seus projetos até o fim.

Pense comigo: se você tiver um belo plano, se preparar para ele, tiver iniciativa e "acabativa", colocar tudo em prática, executar, mas não tiver um objetivo claro e bem definido, não souber ao certo aonde quer chegar, isso significa dispersão. Sêneca, pensador romano que viveu na época de Cristo, dizia que, se um homem não sabe para que porto se dirige, nenhum vento será favorável. Ou seja: se você não sabe para onde vai, qualquer lugar serve.

Da mesma forma, se você tem um objetivo claro, sabe exatamente aonde quer chegar, providencia uma ótima execução e coloca em prática seus conhecimentos com facilidade mas não tem um bom plano, não gosta de planejar, é como se colocasse uma venda nos olhos e saísse à rua em busca de clientes. Mais ou menos como um piloto de avião que não fez seu plano de voo. Ele estaria fazendo um voo cego.

Por último, mesmo que você estabeleça um objetivo claro, saiba exatamente aonde quer chegar, planeje direitinho, se prepare e crie estratégias para chegar lá, se tiver dificuldade para colocá-lo em prática, se não souber usar a técnica TBC (Tirar a Bunda da Cadeira) e executar, isso significará estagnação.

Esses três fatores precisam andar juntos, não como uma engrenagem rígida, mas como um organismo vivo, que pode se adaptar e ajustar as condições ideais no decorrer do processo comercial.

Existe uma frase da qual gosto muito que, segundo conta a história, foi dita por São Francisco de Assis: "Comece fazendo o necessário, depois o que é possível, e de repente você estará fazendo o impossível".

Thiago Concer, um dos maiores especialistas em vendas do Brasil, costuma dizer que não precisamos vender para todo mundo, mas sim para quem dá lucro. Concordo com ele. A menos que você faça parte de uma ONG ou instituição de caridade, o que mantém as empresas neste mercado capitalista em que estamos inseridos é o LUCRO. Para isso, a dica é, dentro do seu planejamento e da sua preparação, definir o perfil do seu cliente ideal. Com essa informação em mãos você consegue direcionar ações e estratégias para chegar até ele ou, então, o que é muito melhor, aplicar estratégias que possam atraí-lo para seu negócio.

Definindo seu cliente ideal

Existem várias maneiras de definir o perfil do seu cliente ideal. Você pode aprender a fazer isso lendo livros sobre técnicas de vendas ou assistindo a palestras de especialistas. Neste livro nós usamos também outras terminologias para esse cliente, por exemplo, "avatar", que, na crença hinduísta, significa a descida de um ser divino, materializado, à Terra, que pode assumir a forma humana ou de um animal. No caso da nossa atividade, o avatar assume a figura de um boneco com o nome e todas as características do seu cliente ideal. É para ele que todas as suas ações serão direcionadas.

Usamos também a denominação "persona", termo originado do latim que significa traços e identidade particular. Assim como o avatar, a persona é uma representação do seu cliente ideal.

O fato é que todas essas representações levam você para a mesma direção. Neste livro você vai aprender a praticar esse exercício independentemente do segmento em que atue. Algumas empresas possuem o perfil do cliente ideal já definido no seu planejamento estratégico geral, o que facilita em muito a vida dos executivos de vendas.

Primeiro passo — Ficha Básica: buscar dados e informações básicas de seus clientes que mais se encaixam no perfil ideal que você busca. Qual é o gênero predominante, faixa etária, classe social, ocupação, estado civil, se possui filhos, quantos. Se tem poder de decisão, ou seja, a capacidade de aprovar ou não um orçamento ou proposta sem a opinião de outras pessoas.

Segundo passo — Dores e Sonhos: quais são as dores ou dúvidas que eles possuem que você poderia ajudar a resolver com seu produto ou serviço? Ou ainda, quais seriam os sonhos ou desejos que você poderia ajudá-los a realizar?

Terceiro passo — O que o seu cliente ideal costuma ouvir, ver, sentir ou fazer?

Com esses dados em mãos você consegue criar suas ações e estratégias de forma muito mais assertiva.

Vamos colocar em prática? Agora é sua vez. Pare um pouco a leitura e dedique um tempo para fazer este exercício.

1) Ficha Básica
Gênero predominante: _____

Faixa etária: _____

Renda familiar média: _____

Ocupação: _____

Filhos: _____

Poder de decisão: _____

2) Dores e Sonhos
Quais as dores: _____

Quais as dúvidas: _____

Quais os sonhos e desejos: _____
_____

3) Comportamento
Ouve: _____
_____
Vê: _____
_____
Sente: _____
_____
Faz: _____
_____

4) Nome
Agora que você levantou todos esses dados, pode, se assim preferir, criar um nome fictício e uma descrição do seu cliente ideal:
Nome: _____
Descrição: _____
_____
_____

Você também pode fazer esse exercício de forma digital. Existem sites especializados, como o *Gerador de Personas* (www.geradordepersonas.com.br), que facilitam a vida. Seguindo um passo a passo, você vai criar o seu cliente ideal e preparar estratégias para chegar até ele.

Uma vez definido o seu cliente ideal, gostaríamos que você fizesse uma profunda reflexão sobre alguns pontos muito importantes que envolvem o momento de fazer um planejamento e se preparar.

Taxa de conversão

Quantos clientes precisamos fomentar para ter o número necessário de compradores? Você sabe exatamente quantas vendas consegue converter a cada cem pessoas para quem mostra seu produto ou serviço? Esse indicador é primordial para se fazer um planejamento adequado, pois permite ter uma ideia muito próxima de quantos potenciais clientes você precisa captar e para quantos precisa mostrar seu produto para conseguir a quantidade de vendas que gostaria. Imagine que, a cada dez potenciais clientes que conhecem seu produto ou serviço, você consiga vender, em média, para três deles — nesse caso, sua taxa de conversão é de 30%. Isso se assemelha a um fenômeno da natureza chamado dança dos botos, que acontece nos rios da Amazônia brasileira. Ao saírem para caçar, os botos estudam e acompanham cardumes enormes (potenciais clientes), mas, quando realmente dão o bote, conseguem capturar apenas alguns peixes para sua alimentação (conversão). Logo à frente você vai entender por que esse dado é tão importante para atingir seus resultados.

Repare bem que estamos tratando ainda sobre planejamento! É de extrema importância que você defina seus objetivos em termos de quantidade de ligações ou visitas que deverá fazer para atingir o resultado desejado. Não é só trabalhar por trabalhar: você deve determinar com antecedência sua meta de ligações ou visitas. Isso é planejamento de vendas.

Para tanto, é fundamental ficar atento ao ciclo de compras do que você vende.

10 potenciais clientes
3 vendas
Taxa de conversão = 30%

Ciclo de vendas

O ciclo de vendas de um produto ou serviço também está diretamente relacionado ao planejamento. É como uma roseira, que você precisa plantar, adubar e regar para que em algum momento encante a todos com suas lindas rosas. Cada variedade de roseira que você escolher tem seu próprio tempo para chegar a esse momento. Umas demoram mais, outras menos. O ciclo de vendas é exatamente assim. Dependendo do segmento em que você atua, do canal de vendas que escolhe e do mercado ou região, o tempo estabelecido para o processo comercial, desde o primeiro contato com o cliente até a assinatura do contrato, é um indicador que fará você entender o ciclo médio de vendas em que atua e aprender a evitar sazonalidades de mercado.

Itens de primeira necessidade, como o pão da padaria e produtos de higiene pessoal, ou uma escova de dentes, por exemplo, normalmente possuem um ciclo de compra curto. Mas, já neste exemplo, veja a diferença: o ciclo de compra de um pãozinho é quase diário, enquanto o de uma escova de dentes é bimestral, de acordo com a escovação e os hábitos de higiene bucal recomendados por especialistas.

Já os automóveis são bens com um ciclo de compra médio. No Brasil, por exemplo, as pessoas têm o hábito de trocar de carro, em média, a cada três anos. Isso implica um tempo um pouco maior para análise e tomada de decisão.

Exemplos de ciclos longos de compra são imóveis e cozinhas planejadas. Os clientes, em alguns casos, levam anos para tomar a decisão. Sem contar que as pessoas costumam utilizar esse tipo de produto por muito tempo, o que prolonga o processo comercial. É o que veremos a seguir, quando falarmos sobre o índice de retorno.

IR (Índice de Retorno)

O Índice de Retorno é o resultado a que você chega depois de avaliar quantos clientes voltam a comprar de você dentro do ciclo médio de vendas sem que você precise fazer novos esforços para convencê-los. Isso possibilita uma boa interpretação do andamento do seu trabalho como um todo. Afinal, se o cliente volta por conta própria, muito provavelmente é porque você fez um ótimo trabalho, concorda?

Imagine chegar a um momento em sua vida como executivo de vendas em que boa parte da sua meta é conquistada apenas com clientes que retornam para comprar espontaneamente. Seria mágico, não? Posso garantir que, mesmo que a tecnologia cause grande impacto nos processos comerciais atualmente, isso ainda é possível. Vai depender do nível de atendimento e do profissionalismo que você empregará com seus clientes.

Philip Kotler diz que custa cinco vezes mais buscar um novo cliente do que manter os atuais. Mesmo assim, vemos empresas que parecem sofrer de uma espécie de miopia empresarial. Essas companhias investem milhões para conquistar novos clientes e vender para eles, mas não cuidam e não investem um real sequer para manter os clientes atuais. É o mesmo que querer encher uma piscina com o ralo aberto.

De forma pragmática, nós recomendamos que você organize o conteúdo apresentado aqui em dois tipos básicos (e práticos) de planejamento.

Tipos básicos de planejamento

Lidamos basicamente com dois tipos de planejamento em vendas: o físico e o mental.

O planejamento físico está relacionado ao seu material de vendas. Por exemplo:

- agenda;
- talão de pedidos;
- contrato;
- calculadora;
- canetas;
- catálogos;
- pesquisas;
- amostras grátis;
- brindes;
- depoimentos de clientes satisfeitos;
- seleção de itens ou serviços a serem ofertados;
- etc.

É impressionante perceber que um grande número de vendedores insiste em visitar, ligar ou atender clientes sem o mínimo de planejamento físico necessário para a venda acontecer. Esses profissionais trabalham na base do improviso. Difícil definir se são preguiçosos ou incompetentes. Quem sabe ambos...

Outro dia César Frazão foi acompanhar um representante comercial em campo e o cliente solicitou o catálogo para ver algumas informações técnicas sobre o que estava sendo oferecido... e o vendedor não tinha nenhum catálogo. Simplesmente tinha se esquecido de pegar na empresa.

Ora, isso é o mesmo que ir para a guerra com uma metralhadora de última geração, mas sem munição.

O triste é que esse tipo de coisa acontece milhões de vezes todos os dias, desperdiçando-se, assim, tempo e muito dinheiro com vendas perdidas.

O segundo tipo de planejamento é o mental. Esse então nem se fala, é mais raro ainda... O planejamento mental está relacionado aos itens a seguir:

- suas ideias;
- estratégias;
- planos alternativos;
- análise de mercado;
- oportunidades;
- estudo;
- foco;
- comprometimento;
- dedicação;
- conhecimento;
- concentração;
- mentalização.

O planejamento mental é muito, mas muito importante mesmo para o sucesso em vendas. Todo vendedor deve, em alguns momentos do dia, ou pelo menos três vezes, como ao se levantar, após o almoço e ao final do expediente, concentrar-se nas suas possíveis vendas, em seus clientes, tentar imaginar as objeções que os clientes vão fazer e principalmente pintar quadros mentais com sua imagem vendendo, vivenciar a sensação do cliente comprando. Essa concentração é fundamental para as vendas.

Vale muito a pena se aprofundar nesse assunto. Para quem quiser saber mais, recomendo o ótimo livro de Lauro Trevisan, *O poder infinito da sua mente*, que pode ser quase que totalmente adaptado para o dia a dia de um vendedor que deseja alcançar o topo e ficar rico.

A venda começa, primeiramente, na cabeça do vendedor. Por isso, ele não pode sair de casa derrotado e consumido pela crise, porque não vai transmitir ao cliente confiança em seus argumentos. Esse profissional não venderá, apenas perderá o próprio, e precioso, tempo.

Para aumentar as chances no mercado, é necessário que ocorra o que chamo de "venda antes da venda". Antes de sair para trabalhar, o vendedor precisa vender para si mesmo a ideia de que vai conseguir. Ele precisa acreditar na própria capacidade, acreditar no cliente, acreditar no produto e ter metas e objetivos claros e bem elaborados.

Para ser um vendedor campeão, além de conhecimento e técnicas de vendas, é fundamental ter: motivação, entusiasmo, vibração e, acima de tudo, autoconfiança.

Sete dicas para uma boa preparação de vendas:

1. Prepare-se mentalmente para fechar vendas logo pela manhã.
2. Ensaie pelo menos três maneiras diferentes de fechar vendas.

3. Decore respostas para as objeções que, certamente, virão.
4. Prepare uma boa abordagem que cause um bom impacto inicial.
5. Pesquise notícias ou fatos positivos acerca do mercado de seu cliente.
6. Seja pontual, saia com antecedência e se previna de imprevistos como trânsito congestionado, pneu furado etc.
7. Use uma agenda para programar seu dia com antecedência.

O principal, como já dissemos anteriormente e agora reforçamos, é imaginar-se vendendo. Pinte no seu cérebro a imagem de um vendedor de sucesso, imagine os detalhes e sinta a emoção de fechar a venda. Faça isso quando dormir e, ao acordar, essa imagem se tornará verdade em sua vida.

Pode ter certeza de que essa forte preparação mental lhe dará muita força para fechar muitas vendas!

Mas, se isso é tão importante, por que então os vendedores fazem tão pouco o planejamento mental?

Três motivos tornam o planejamento mental muito escasso entre vendedores de quase todo o mundo.

1. **Má gestão do tempo.** A correria do dia a dia, o excesso de tarefas, visitas, ligações, problemas, assuntos pessoais, enfim, a famosa "falta de tempo". Você já ouviu falar de algum motorista que estava com tanta pressa de chegar ao destino que não teve tempo de

parar para abastecer o carro e acabou ficando sem combustível no meio da estrada? Pois é. É mais ou menos isso que acontece com o vendedor que está sem tempo para planejar antes da venda.

2. **Ansiedade.** Esse é um dos dois maiores males do século (o outro é a depressão). A pressa por resultados cada vez maiores e mais rápidos obriga os vendedores a fazerem tudo correndo. Eles ficam tão ansiosos pelo fechamento da venda que vão para cima do cliente de maneira desgovernada e ansiosa. De novo, vale o exemplo do sujeito que, desesperado para chegar ao destino, não tem tempo de parar para abastecer o carro. A melhor definição que já ouvi foi: ansiedade é o excesso de futuro no seu dia.

3. **Ignorância.** Não no sentido pejorativo da palavra, mas em sua essência, que significa não conhecimento de algo ou de uma situação, desconhecimento. A maioria dos vendedores sem dúvida alguma não foi treinada para essa profissão; eles simplesmente se tornaram vendedores. E, por desconhecerem a importância do planejamento, simplesmente não o fazem.

Destacamos no planejamento mental algo muito importante: a mentalização, ou seja, o ato de mentalizar, imaginar, projetar o resultado desejado na venda.

É na mentalização que projetamos em nossa mente o tão sonhado e desejado resultado. Isso é algo muito forte na venda, porque, além de ajudar a obter a força do subconsciente para vender, nos dá a oportunidade de criar opções e saídas para eventuais objeções dos clientes.

DICA QUENTE: Consulte as redes sociais de seu futuro cliente antes da venda. Elas lhe darão pistas muito boas sobre os comportamentos e hábitos dele.

Resumo

Neste capítulo você aprendeu:

- o primeiro hábito para o sucesso dos executivos de vendas (planejamento);
- os três fatores que vão garantir seus bons resultados;
- como definir seu cliente ideal;
- detalhes importantes a pesquisar;
- taxa de conversão;
- ciclo de vendas;
- índice de conversão;
- planejamento físico;
- planejamento mental.

Momento de reflexão

Você, tem se planejado antes das vendas?
O que vai mudar de agora em diante nos seus planejamentos de vendas?

Plano de ação:

Escreva aqui, de maneira clara, simples e objetiva o que você colocará em pratica inspirado no capítulo que acabou de ler. É um compromisso com você mesmo!

_____
_____
_____
_____
_____
_____

PILAR N. 2: PROSPECÇÃO

Executivos de vendas campeões prospectam continuamente

Prospecção é uma palavra com origem no latim *prospectione*, que significa a ação de prospectar, ou pesquisar. É um termo da geologia usado para descrever métodos empregados para descobrir filões ou jazidas de uma mina. A prospecção serve para localizar reservas de substâncias valiosas para o ser humano.

Utilizamos essa palavra em vendas para descrever a busca por novos clientes, por entender que eles representam riqueza, uma substância valiosa para o nosso negócio. Prospectar em vendas é como garimpar pedras preciosas. Uma prospecção bem feita pode gerar renda para você e sua empresa por muito tempo.

Os melhores executivos de vendas utilizam a prospecção como ferramenta constante em seu trabalho, pois entendem que, se ficarem focados apenas na carteira já existente, os problemas com os resultados não vão demorar a aparecer.

Se você focar apenas na carteira de clientes já existente e não criar o hábito da prospecção, enfrentará alguns obstáculos:

1. **Sazonalidades:** dependendo do ciclo de vendas do seu produto ou serviço, se não houver clientes novos comprando você poderá permanecer longos períodos sem vender.
2. **Dificuldade de atingir metas:** quando menos imaginar, por motivos alheios à sua vontade, algum cliente importante pode adiar o pedido, comprometendo o volume da sua meta naquele período.
3. **Não haverá vendas "surpresa":** quem não prospecta, nunca vai receber aquela ligação "surpresa" de um cliente dizendo que pensou na sua apresentação e pretende conversar melhor sobre o assunto.
4. **Pouca indicação:** muitas indicações acontecem no trabalho de prospecção. Se você não possui esse hábito, perderá essas oportunidades.
5. **Sua carteira de clientes vai diminuindo:** se você não oxigenar sua carteira e incluir clientes novos todos os meses, aos poucos, mesmo que você não faça nada errado, ela vai diminuindo.
6. **Perda de share:** os concorrentes aproveitam que você não está "agredindo" o mercado para vender para clientes potenciais. Com isso, sua participação no mercado vai encolher.
7. **A divulgação do seu produto ou serviço fica limitada:** por mais que sua empresa possua um departamento de marketing que faça a divulgação do seu

produto ou serviço, a figura do vendedor na prospecção fomenta a credibilidade e o acesso à companhia.

Alguns erros são comuns em vendedores quando se trata de prospecção:

1. **Falta de constância:** assiduidade, frequência, persistência, insistência e obstinação são algumas das características dos executivos de vendas campeões. Jim Collins, um dos maiores especialistas em gestão no mundo, diz que um dos maiores sintomas de mediocridade é a falta de consistência. Seus resultados não estão ligados ao que você faz bem, e sim àquilo que você faz bem todos os dias. Se você conseguir gerar uma comissão em vendas de vinte mil reais em um único mês, talvez não faça muita diferença em sua vida, mas, se fizer isso todos os meses por anos, com certeza sua vida vai mudar.
2. **Não determinar um tempo em seu planejamento para prospecção:** costumo dizer para meus alunos que quem não se planeja, não sabe o que fazer no dia, vai para rua ou mesmo para a Internet prospectar. E por não terem foco no planejamento ficam perdidos atirando para todas as direções e não acertando nada. Claro que isso serve para quem não é muito organizado, pois os executivos de vendas campeões geralmente definem na sua agenda períodos para prospecção. Aquelas conversas despretensiosas costumam proporcionar surpresas agradáveis.

3. **Não considerar o perfil do seu cliente ideal:** é um erro comum entre os vendedores imaginar que um campeão em vendas precisa vender para todo mundo. Isso é um mito. Precisamos vender para quem dá lucro, portanto não perca tempo com quem não tem perfil para comprar seu produto ou serviço. Concentre-se na prospecção, naquelas pessoas que você definiu em seu planejamento como perfil de cliente ideal.
4. **Abordagem errada:** existem abordagens vendedoras e abordagens que afastam as pessoas. Isso vale tanto para encontros presenciais quanto para conversas por telefone, e-mail ou aplicativos de mensagens.
5. **Falta de entusiasmo:** muitos vendedores não conseguem esconder seu descontentamento toda vez que precisam prospectar. Acham isso um trabalho chato e sem serventia. Chegam a tratar o assunto com displicência, fazendo apenas porque o gerente pediu ou porque é regra da empresa. Esses profissionais transmitem em sua aparência, voz e expressões o quanto estão incomodados com a situação. Mal conseguem perceber a grande oportunidade que estão perdendo de conhecer pessoas e somar conhecimento e experiência. Seja sincero: como é possível conseguir gerar interesse no seu produto ou serviço agindo dessa forma?

Aaron Ross e Jason Lemkin, empresários e escritores americanos, trazem uma visão própria dos processos de prospecção nos tempos modernos. Eles acreditam que o melhor caminho é a especialização, ou seja, diferentes equipes para diferentes momentos do processo comercial.

> "Quando os vendedores são obrigados a dar conta de várias tarefas, sofrendo uma sobrecarga, a maioria acaba fazendo mal todas elas." Trecho do livro *Hipercrescimento* (São Paulo: HSM, 2016).

Segundo os autores, a prospecção nos processos comerciais se divide basicamente em duas opções:

1. *Inbound*: nessa situação, as empresas e profissionais criam ações e ferramentas para atrair a atenção de potenciais clientes para seu produto ou serviço. Afinal, é sempre mais interessante ser procurado do que sair procurando. Em alguns casos, é mais fácil atrair o cliente do que ir atrás dele. Principalmente se o seu produto ou serviço tem âmbito nacional — levando em conta o tamanho do Brasil, é difícil visitar um cliente em outro extremo.

    A principal vantagem desse processo é o alcance exponencial e a segmentação. Como o marketing *inbound* geralmente é feito através de conteúdos e ações disponibilizados na internet e nas redes sociais, ele tem uma capacidade de alcance infinitamente maior do que a prospecção presencial. Sem contar que existe a possibilidade de levar seu conteúdo para quem realmente tem interesse no assunto, segmentando por região geográfica, gênero, idade, perfil de interesse e outros aspectos.

Algumas empresas possuem departamentos específicos em geração de leads ou então buscam no mercado empresas parceiras especializadas nesse trabalho. Após atrair e selecionar, os leads são direcionados à equipe de vendedores, para dar sequência no processo comercial.

Muitos vendedores utilizam o marketing *inbound* por conta própria, gerando conteúdo relevante e gratuito para seus seguidores. Dessa forma, eles criam uma autoridade no segmento em que trabalham, usando o gatilho mental da reciprocidade e deixando seus seguidores propensos a fazer negócios.

A maior dificuldade desse tipo de prospecção está relacionada ao custo de geração de cada lead. Com a migração de grandes companhias para esse tipo de prospecção e em se tratando de uma grande tendência de audiência, os valores de divulgação têm aumentado consideravelmente. Mesmo assim, ainda há muita vantagem em relação a outros tipos de mídias em massa.

Alguns vendedores buscam no marketing *inbound* uma fórmula mágica para resolver todos os seus problemas. Existe um ditado popular que aprendi de meu pai ainda na infância que diz: "quando uma coisa parece ser muito boa para ser verdade, geralmente ela é muito boa para ser verdade". Como todo trabalho sério, esse necessita de um ótimo planejamento e muito tempo de dedicação para atingir os resultados esperados.

2. **Outbound**: nesse processo de prospecção se utilizam ações e ferramentas consideradas tradicionais, como telefone, e-mail e visitas. No entanto, com a ideia da especialização, no modelo Salesforce esse trabalho deve ser realizado por uma equipe específica, selecionando os potenciais clientes e repassando os leads para uma equipe de vendedores especialistas em negociação e fechamento de vendas.

Mesmo nesse caso, as metas de prospecção precisam estar claras, de forma a gerar o número suficiente com a qualidade de leads necessária para suprir a demanda da equipe de vendedores negociadores.

Por isso, algumas perguntas básicas precisam ser respondidas. Conforme falamos ao tratar do pilar n. 1 (planejamento), trata-se do famoso funil de vendas: De quantas ações preciso para gerar um lead de qualidade? Quantas ligações diárias? Quantas entrevistas? Quantos e-mails? Quantas visitas? Em que está baseado meu banco de dados?

Costumamos dizer nas palestras que uma empresa perde em média 20% dos seus clientes por ano. A empresa fechará em cinco anos se não fizer nada a respeito.

Isso ocorre naturalmente, mesmo tendo um bom produto e bom atendimento. Suponha, por exemplo, que uma pessoa more em São Paulo e se mude para Fortaleza. Ela vai continuar comprando pizza na mesma pizzaria que ficava perto da sua antiga casa, em São Paulo? Claro que não. Então, essa pizzaria perdeu um cliente cativo mesmo sem ter feito nada de errado. E isso acontece todos os dias, com mais frequência do que se imagina. Daí a importância monstruosa de um sistema eficiente de prospecção de novos clientes e de um bom mailing, ou seja, um bom banco de dados.

Mailing para prospecção

Vejo empresas e vendedores que até querem fazer alguma ação de prospecção, mas ficam perdidos e não sabem por onde começar. Vamos lá. Agora você vai conhecer três caminhos simples e eficientes para sair da zona de conforto e ir em busca de novos negócios.

Em primeiro lugar, você precisa ter a informação organizada antes de atacar o mercado:

1. Montar um banco de dados de empresas ou pessoas que ainda não são seus clientes, mas têm o perfil que você procura. Você poderá comprar mailings prontos na internet ou montar seu próprio banco de dados através de pesquisas no Google, por exemplo.

Atenção! Não chame esse banco de dados de "clientes". Eles ainda não são clientes, pois nunca compraram de você. São futuros ou possíveis clientes.

Essa base de dados poderá ser atacada por email marketing e televendas com uma abordagem direta e objetiva. *O segredo não é vender para todo mundo, mas sim encontrar quem quer comprar.*

2. Separar e atacar seus "quase clientes". São aqueles que já tiveram um contato com você ou sua empresa e pediram uma cotação, mas por algum motivo não compraram. *A situação pode ser diferente hoje.*

Embora estes também se enquadrem na categoria de não clientes, como o banco de dados que mencionamos acima, devem ser tratados com uma abordagem nova e diferente, porque eles já sabem quem você é; só não compraram no passado por algum motivo ou circunstância. Se eles o procuraram ou o receberam um dia, é porque tiveram interesse; se você está lá novamente, é porque também tem interesse em fazer negócios com ele.

Ataque os quase clientes com alguma novidade, ou dizendo que passou por algumas mudanças e tem uma nova proposta a fazer.

Sinais de que você está prospectando de forma errada

As pessoas querem fugir de você: se seus potenciais clientes o enxergassem como autoridade no segmento que representa, e se você levasse informações realmente relevantes para ajudá-los a resolver seus problemas, seria muito bem recebido e eles não ficariam se escondendo de você.

Seus prospects precisam confiar para que possam comprar de você. Você compraria de alguém em quem não confia? Seu prospect também não. Então, aja sempre de maneira a transmitir e reforçar a confiança em você e em sua empresa.

Com toda a tecnologia empregada nos processos comerciais, o hábito da prospecção ficou mais acessível e prático. Se você gostaria de manter suas vendas com o menor impacto possível diante das sazonalidades do mercado, atingir suas metas com regularidade, receber mais indicações de potenciais clientes, manter sua carteira oxigenada e em crescimento e garantir sua fatia do mercado, a prospecção é fundamental.

Evite trabalhar sempre de forma reativa, ou seja, aguardando que leads gerados pela empresa caiam no seu colo, para ter uma reação. Os grandes executivos de vendas vão além: eles são proativos, ou seja, sempre buscam clientes para sua carteira.

Abordagem

> *"Muitos vendedores ainda não sabem que começar bem vale por 50% da venda."* **Eduardo Tevah**

A venda começa quando você diz bom-dia para o cliente! Os primeiros instantes são muito importantes para o resultado final.

Independentemente da forma que escolhemos para prospectar potenciais clientes, em dado momento, mesmo que digitalmente, você vai ter que abordar essa pessoa. O principal objetivo nesse momento é criar *rapport*.

Rapport é um conceito originário da psicologia que remete à técnica de criar uma ligação de empatia com outra pessoa. O termo vem do francês *rapporter*, cujo significado está ligado à sincronização que permite estabelecer uma relação harmônica. Se você conseguir essa sintonia, essa confiança, seu caminho até o fechamento será invariavelmente mais tranquilo.

Eduardo Tevah, empresário, escritor e um dos mais renomados palestrantes do Brasil, afirma, com sua experiência de mais de 30 anos em vendas, que você tem apenas dois minutos para conseguir despertar em seu potencial cliente duas sensações fundamentais para que ele compre de você. A primeira sensação é a **simpatia**. Sorriso, gentileza e frases educadas fazem o cliente automaticamente pensar: "Nossa, que pessoa legal." A segunda sensação fundamental é **o conhecimento**. O potencial cliente precisa perceber em poucos segundos que você sabe bem do que está falando para assim continuar lhe dando atenção.

Quando for abordar alguém, procure observar que existem perfis de comportamentos diferentes. Esses perfis devem direcionar sua forma de conduzir a conversa.

Algumas pessoas costumam tomar decisões de forma mais racional; outras, de maneira mais emocional. Dependendo do perfil predominante, do momento pelo qual a pessoa está passando e dos seus motivadores, ela pode tomar a decisão rapidamente ou então demorar mais para fazer isso.

Entre as pessoas que são mais racionais e demoram para tomar uma decisão está o tipo que é chamado de **analítico**. Esse perfil de comportamento precisa "analisar" as coisas com mais prudência. Geralmente são pessoas extremamente detalhistas e organizadas. Anotam tudo o que podem, gostam de planilhas e dados. Não admitem falhas e atrasos. Se for conversar com esse perfil de pessoa, esteja preparado para responder a perguntas técnicas. Leve muita informação e seja mais formal. Não force muito a decisão, pois normalmente o analítico precisa de um tempo para avaliar os dados que você passa.

O tipo de pessoa que é mais emocional e demora para tomar decisões é chamado de **afável/paciente**. Ao contrário do perfil analítico, esse não tem nada de formal. Gosta de ter atenção e estreitar as relações. Se existe um perfil no qual, mesmo no mundo moderno, você pode investir em relacionamento e fidelização, é esse. O afável é muito emocional, é mais calmo, utiliza um tom de voz mais suave. Quando for conversar com um afável, prepare-se para longos períodos falando sobre assuntos que não necessariamente possuem relação com seu negócio. Ele requer que você lhe dedique essa atenção.

Outro perfil muito comum é o **expressivo/extrovertido**. É a pessoa que age e toma decisões mais rápido, mas ainda se guia muito pelo lado emocional. Geralmente o expressivo se arrepende muito rápido de suas decisões. Ele gosta de se conectar, e não costuma ser muito organizado. É muito comum ele marcar algo com você e acabar esquecendo. Se for tratar algo com o expressivo, procure ser mais informal e faça elogios sinceros; ele adora ser elogiado.

O quarto perfil de pessoas que considero importante é o **pragmático/dominante**. É aquela pessoa que decide rápido e de forma racional. No mundo maluco de tempo escasso em que estamos vivendo, cada vez mais se vê esse tipo de perfil por aí. Muitas vezes esse tipo de pessoa é tratado como "mal-educado" ou "grosseiro", por não dar muita atenção a algo em que não identifique nenhuma vantagem direta. O pragmático não gosta de muita intimidade, e prefere que se vá logo direto ao assunto. Para conversar com esse tipo de pessoa, o ideal é ser objetivo e assertivo, sempre mencionando que você não vai precisar de muito tempo para falar o que precisa. Agora, se conseguir gerar interesse, os poucos minutos podem se transformar em horas de uma bela conversa.

Conseguindo identificar esses quatro perfis e se comportando de maneira a não irritar as pessoas, a probabilidade de estabelecer o *rapport* com seu potencial cliente cresce consideravelmente.

Um *case* inspirador de prospecção e abordagem é o do nosso aluno e corretor de imóveis Jader Schmidt Fehn. Certo dia, Jader andava tranquilamente, na companhia de seu gerente, em direção a um café próximo à imobiliária onde trabalha, na cidade de Passo Fundo, no Rio Grande do Sul.

Enquanto caminhava, Jader observou que, do outro lado da rua, um casal parado na calçada olhava demoradamente para uma placa de VENDE-SE afixada em um imóvel. Identificando uma oportunidade de prospecção, Jader pediu a seu gerente que aguardasse alguns minutos, pois abordaria o casal com o objetivo de levá-lo até a imobiliária.

Jader se aproximou, se apresentou e disse ter percebido o interesse do casal no imóvel. Os dois confirmaram que estavam em busca de um imóvel na região, pois seu filho havia passado no vestibular e eles pretendiam comprar algo para ele. Jader então explicou que a placa para onde estavam olhando era de sua imobiliária, com a sede a poucos metros dali. Se eles não se importassem, poderiam ir até lá para tomar um café. Jader mostraria os detalhes do imóvel que lhes interessou e também poderia apresentar outras possibilidades na região.

Assim aconteceu. O casal aceitou ir até a imobiliária para um café. Além do apartamento que chamou a atenção deles, Jader marcou para o dia seguinte uma visita a outros dois imóveis, e um deles foi definido para a compra.

Perceba que, mesmo o casal abordado não adquirindo o apartamento que estava olhando, a percepção do corretor Jader de abordar da maneira certa no momento certo rendeu uma bela venda que ninguém esperava. Nem mesmo seu gerente.

Se você não estiver aberto à prospecção e a uma abordagem de qualidade, tenha certeza de que fatos como esse nunca acontecerão com você! Você precisa estar ligado o tempo todo e atento a toda nova oportunidade de venda ao seu redor.

Mas não basta estar atento. Você precisa também saber abordar corretamente para não queimar a venda. O primeiro passo é ganhar a confiança do cliente.

Credibilidade

Uma vez eu estava participando de um treinamento para aperfeiçoamento de vendas nos Estados Unidos e, em uma simulação, eu tinha que vender para o instrutor. Eu me preparei bastante para a "venda" e, quando chegou minha vez, fui com todo o entusiasmo que tinha e me dediquei 100% àquela. Mas no final ele não comprou de mim.

No momento do feedback, ele me ensinou uma das maiores lições de vendas que aprendi, e sou muito grato por ela até hoje. Ele me falou:

> *"Você veio com tanta vontade para cima de mim que fiquei com medo e não confiei em você. Primeiro você tem que vender a si mesmo, depois o seu produto ou serviço. O cliente só vai comprar se confiar em você e nas suas palavras."* **Bill Sanjurjo**

Credibilidade e confiança são as bases de qualquer relacionamento saudável, e em vendas não é diferente. Devido à ansiedade em fechar o negócio, o vendedor acaba esquecendo completamente de conquistar a confiança do cliente em primeiro lugar.

Estamos falando de prospecção de novos clientes, e nesse caso a confiança é mais necessária ainda do que para um cliente recorrente. Pense bem: você muitas vezes vai abordar pessoalmente ou por telefone um cliente que nunca o viu ou ouviu falar de você na vida. Ele não te conhece, portanto não é obrigado a confiar na sua pessoa logo de cara.

Soma-se a isso o agravante de esse cliente já ter sido enganado e passado para trás por vendedores inescrupulosos e desonestos, desses que só pensam em ganhar suas comissões e o cliente que se dane.

Duas dicas práticas ajudarão você a ganhar rapidamente a confiança dos clientes:

1. Repetir o nome do cliente várias vezes durante a conversa. Quando o cliente ouve o próprio nome, se sente valorizado e tende a confiar mais rapidamente no vendedor, que transmite a imagem de uma pessoa educada e atenciosa. Pesquisas informais indicam que essa técnica pode aumentar em até 40% a credibilidade na abordagem inicial.

Quando vai comprar algo em uma loja, você gosta de ser tratado pelo seu nome? Com o seu cliente acontece a mesma coisa.

2. Ouvir com atenção e não cortar o cliente. Os executivos campeões de vendas ouvem até três vezes mais do que os vendedores comuns. Quando ouve, você demonstra que está realmente interessado no cliente e não apenas preocupado em vender e resolver o próprio problema. Os campeões de vendas são os que mais ouvem e menos falam.

Apresentação adequada

O traje não faz o homem, mas faz 90% do que se pensa dele. Você nunca terá uma segunda chance para causar uma primeira boa impressão. Além do comportamento, da fala e da postura, em vendas a imagem pessoal conta muito.

Esteja sempre bem apresentado, levemente perfumado, use roupas limpas e bem passadas, sapatos em bom estado, acessórios de bom gosto — por exemplo, anéis, relógios, pulseiras, bolsas —, tenha uma boa caneta e um celular moderno. Tudo isso pode ajudar a criar a imagem de pessoa bem-sucedida no que faz.

O tipo de consumidor que você deseja atrair deve determinar o modo como você se apresentará. Um traje muito luxuoso numa empresa muito simples pode afastar seus potenciais clientes, mesmo oferecendo bons preços. Do mesmo modo, uma aparência excessivamente modesta pode afastar consumidores de alto poder aquisitivo, mesmo que seus produtos sejam destinados a eles.

Invista em você. Compre roupas e sapatos de boa qualidade, pois, além de durarem mais, essas peças o ajudarão a transmitir uma imagem de sucesso e ainda melhorarão sua autoestima e confiança. Um dos melhores investimentos que um profissional de vendas pode fazer em sua carreira é a aparência, independentemente do que se vende.

Cuidados básicos com o corpo, como uma barba bem-feita, dentes saudáveis, unhas bem cuidadas, maquiagem leve e cabelo bem penteado ajudarão no seu marketing pessoal.

Goste de você, vista-se para vencer e o sucesso será certo. Mas atenção: não confunda ostentação e arrogância com imagem profissional. São coisas diferentes. Você pode estar bem vestido, ser um vendedor rico e bem-sucedido e ser humilde e simples ao mesmo tempo. Ser simples não é ser simplório.

Dois investimentos que o vendedor faz em si mesmo sempre voltam como retorno garantido: boas roupas e bons livros sobre vendas.

Vale também um conselho quanto ao carro do vendedor quando a visita for presencial. Evite parar o carro na frente da empresa do cliente, por três motivos:

a) Se seu carro for velho demais, não inspirará sucesso e confiança.
b) Se seu carro for melhor do que o do cliente, dará a impressão de que você cobra muito caro pelos seus serviços.
c) Você ocupará a vaga de um cliente da empresa, e elas odeiam isso. Você estará atrapalhando, e o seu cliente tratará de dispensá-lo o mais rápido possível.

Educação

Em terra de cego, quem tem um olho é rei — com certeza você já ouviu esse ditado. Nos dias atuais cai bem uma analogia com a educação dos vendedores: muitos deles são tão mal-educados que os mais cordiais se destacam na multidão.

Outro dia eu estava com um vendedor na rua em treinamento. Nós íamos visitar quatro clientes e depois voltar à empresa para nos juntar ao restante da equipe de vendas e comentar o que aprendemos naquele dia. Em uma determinada visita ele entrou no estabelecimento, e eu, logo atrás, acompanhando, ouvi sua abordagem, que quase me fez desmaiar ali!

Vendedor: — O João está aí?
Balconista: — Não [*Respondeu com cara de assustada.*]
Vendedor: — Então tá, depois eu volto.

Se eu não tivesse ouvido isso, juraria que era mentira, que tinham exagerado. Mas eu vi, eu ouvi. Nota zero para essa abordagem, uma das piores que já vi até hoje em minha carreira em vendas. Educação zero, horrível.

Quatro detalhes são OBRIGATÓRIOS em uma abordagem de prospecção. São eles:

1. Em primeiro lugar, dar bom-dia, boa-tarde ou boa-noite com um sorriso no rosto.
2. Pedir licença ao chegar ou interromper algo.
3. Se apresentar falando quem é você e qual sua empresa (o cliente não sabe quem e nem de onde você é).
4. Pedir por favor. Exemplo: "Por favor, posso falar com o Senhor João?"

Não é à toa que, na ocasião, fazia três semanas que esse vendedor não vendia nada, mesmo trabalhando duro o dia todo. Trabalhar duro é uma coisa; trabalhar certo é outra completamente diferente.

Depois de uma abordagem educada, faça o que chamamos de "quebra-gelo", um comentário sobre algum objeto à vista, o clima, uma notícia **positiva** sobre o mercado (por isso, mantenha-se atualizado) ou qualquer outro assunto que não seja venda. Estabeleça um ponto em comum, mas cuidado para não exagerar ou ser falso. Você deve sempre ser verdadeiro e sincero, pois os clientes não são bobos e percebem as mentiras.

Fale corretamente. Capriche no "bom português", na dicção, na pronúncia e na entonação. Muitos clientes não compram simplesmente porque não entendem o que o vendedor diz. Evite algumas palavras e expressões que passam a ideia de amadorismo, por exemplo: cara, meu, né, tá, baratinho, pedidinho, benzinho, queridão, fofa, ô grande, mimosa e os gerundismos, como a famosa frase "Vou estar verificando". Isso não existe!

Finalmente, crie abordagens positivas, que abram as portas. Veja a diferença entre os tipos de abordagem:

Um vendedor de seguros diz:

- Abordagem errada: *Suponhamos que você morresse amanhã...*
- Abordagem certa: *Suponhamos que o senhor tivesse morrido ontem...*

Um vendedor na farmácia diz:

- Abordagem errada: *Quer o tubo de pasta maior?*
- Abordagem certa: *Quer o tubo de pasta mais econômico?*

Um frentista de posto de gasolina diz:

- Abordagem errada: *Vai quanto hoje, chefe?*
- Abordagem certa: *Completo o tanque, senhor?*

Reveja seu discurso inicial e, se necessário, crie uma abordagem de alto impacto. Ela abrirá muitas portas para você vender muito e ser feliz!

Novas ideias

Vamos sugerir aqui 12 ideias de prospecção para aumentar suas vendas. Pode ser que elas não se encaixem exatamente na realidade do seu negócio, mas mesmo assim as dicas ajudarão a expandir sua mente nesse sentido.

1: Criar um combo, um kit, como o McDonald's faz com seus lanches.

2: Criar um catálogo com sua linha de produtos para divulgação.

3: Participar de feiras e eventos em seu setor.

4: Criar um mostruário para apresentar aos seus clientes.

5: Fazer e impulsionar uma campanha no Facebook.

6: Oferecer test drives, degustações ou amostras grátis.

7: Fazer ações de vendas na rua ou em algum ponto estratégico.

8: Enviar e-mails marketing.

9: Enviar malas-diretas no papel via Correios (costuma dar um excelente retorno).

10: Fazer ligações ativas em ações de televendas.

11: Fazer panfletagem.

12: Anunciar em jornais e revistas.

Resumo

Neste capítulo você aprendeu:

- a importância de ir em busca de novos negócios;
- os 7 problemas de não captar novos clientes;

- os principais erros na prospecção e como evitá-los;
- os conceitos *inbound* e *outbound*;
- a importância do *rapport* inicial;
- os tipos de clientes e como agir com cada um deles;
- o momento da abordagem nas vendas;
- a importância da credibilidade na prospecção;
- como a boa aparência e a educação ajudam a conquistar clientes.

Momento de reflexão

Qual a importância da prospecção de novos clientes para seus resultados financeiros?
O que você fará de diferente a partir de hoje?

Plano de ação:

Escreva aqui, de maneira clara, simples e objetiva, o que você colocará em pratica inspirado no capítulo que acabou de ler. É um compromisso com você mesmo!

_____
_____
_____
_____
_____
_____

PILAR N. 3:
FAZER UM DIAGNÓSTICO PRECISO

Executivos de vendas campeões ouvem com atenção e entendem a real necessidade do cliente

A fase do diagnóstico, conhecida também como entrevista ou levantamento de necessidades, é, para os executivos de vendas habilidosos, de longe a mais importante do processo de vendas. É nessa etapa que realmente se materializa o significado literal de vender: entender para poder atender. Lembre-se (já falamos aqui): os melhores vendedores do mundo ouvem três vezes mais do que a média. Não é à toa que são os melhores do mundo.

Procurar diagnosticar as necessidades implícitas do seu cliente e transformá-las em necessidades explícitas é o grande desafio dos executivos de vendas nos processos comerciais. Essa habilidade precisa ser trabalhada constantemente e é determinante para o sucesso das vendas.

Como vimos no capítulo anterior, conhecer os diferentes perfis de personalidade dos seus clientes é importante para criar uma relação de confiança, mas a habilidade de saber diagnosticar de forma assertiva quais são as reais necessidades desses clientes, seus problemas, suas insatisfações, é fundamental para que o encontro comercial seja um sucesso.

Se você vende *commodities*, talvez a nossa conversa aqui não faça muito sentido, embora mesmo em *commodities* esses princípios possam ser aplicados com grande resultado. A grande jogada quando se vende esse tipo de produto é se diferenciar pelo atendimento e/ou prestação de serviço, e isso fica muito mais fácil se você entender o ponto de vista do cliente.

Para os verdadeiros executivos de vendas, o objetivo geral de uma negociação sempre será agregar valor e não ficar submisso ou preso à guerra de preços. Por esse motivo, quanto maior for a sua habilidade em identificar o real problema, insatisfação ou dor do seu cliente, maior a probabilidade de conseguir adaptar os benefícios e as vantagens do seu produto ou serviço diretamente vinculados às necessidade explícitas dele.

Um trabalho bem-feito nessa fase do diagnóstico é fundamental para evitar excessos de objeções em uma negociação. As pesquisas têm mostrado que, especialmente em vendas complexas, o excesso de objeções se dá pelo fato de o cliente não conseguir perceber valor naquilo que o vendedor está oferecendo.

Inúmeros escritores consideram a objeção como algo positivo e de certo modo inevitável em uma venda. No entanto, Neil Rackham, fundador da Huthwaite, organização responsável pela maior e mais ampla pesquisa de eficácia em vendas de que se tem notícia até hoje, e idealizador da metodologia *Spin® Selling*, traz uma abordagem inédita.

A pesquisa, realizada em 23 países, acompanhou mais de 35 mil visitas de vendas *in loco* e empregou as perguntas de forma diferente para conseguir transformar necessidades implícitas do cliente em necessidades explícitas, a principal arma de sucesso em uma negociação.

Segundo Neil, o que realmente faz os clientes comprarem com baixíssimo nível de objeção é a necessidade explícita de resolver um problema ou uma insatisfação, principalmente em vendas maiores, que chamaremos aqui de vendas complexas. Isso significa que, mesmo que o cliente tenha uma necessidade, um problema ou uma insatisfação, se essa demanda não estiver explícita talvez não o faça buscar uma solução a curto prazo.

E como é que a gente pode fazer para transformar necessidades implícitas em necessidades explícitas utilizando perguntas inteligentes?

Na metodologia *Spin®*, Neil mostra que benefícios só se transformam em vantagens para seus clientes à medida que eles percebem sua ligação direta à solução de seus problemas. Isso mostra que benefícios em demasia, especialmente nas vendas complexas, podem representar custo para o cliente, prejudicando a percepção de valor.

Essa metodologia funciona da seguinte forma: o vendedor usa perguntas de situação para estabelecer um contexto que leve a perguntas de problema, de modo que o comprador revele necessidades implícitas. Então, são desenvolvidas perguntas de implicação, que fazem o comprador sentir o problema de modo mais claro e agudo, levando a perguntas de necessidades de solução.

Ao declarar necessidades explícitas, o comprador permite que o vendedor declare seus benefícios, que são bastante relacionados ao sucesso em vendas.

Processo mental de decisão

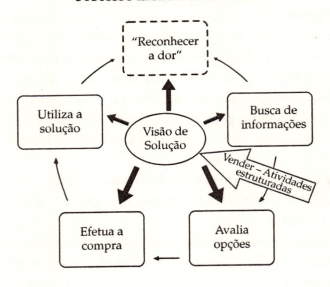

Vamos a alguns exemplos:

Perguntas de situação

As perguntas de situação servem para reunir fatos e dados, entender a situação atual e os antecedentes do seu cliente. Uma pesquisa bem-feita no planejamento da visita pode ajudar nessa fase com informações importantes. Embora as perguntas de situação tenham relevância no processo comercial, executivos de vendas mais habilidosos evitam utilizá-las de forma exagerada, pois elas podem irritar o cliente. Ele pode achar que está em um interrogatório e se sentir desconfortável com isso.

São exemplos de perguntas de situação:
"Quantas pessoas vão morar no imóvel?"
"Há quanto tempo você possui esse carro?"
"A senhora viaja com frequência?"
"Como estão os negócios?"
"Como a sua equipe de vendas está enfrentando a crise?"
"Qual é a projeção de crescimento para o próximo ano?"

Perguntas de problema

Depois de entender a situação, você deve explorar problemas, dificuldades e insatisfações em que seu produto ou serviço possa ajudar. Como? Através de perguntas de problema, que levem o cliente a verbalizar dificuldades, insatisfações ou ainda problemas que ele esteja enfrentando naquele momento em seu negócio ou na vida particular.

Lembrando que essas dificuldades só passam a ser relevantes para você, como profissional, se o seu produto ou serviço puder ajudar esse cliente de forma direta.

São exemplo de perguntas de problema:
"Está difícil contratar as pessoas certas?"
"Esse equipamento é difícil de operar?"

"Os ruídos de comunicação estão prejudicando a sua equipe?"
"A equipe de vendas está desmotivada?"
"O marketing de conteúdo já não está atraindo tanto quanto antes?"

Identificando e explorando os problemas, as dificuldades e as insatisfações que seu cliente está apresentando, você começa a explorar o efeito e as consequências que esses problemas podem trazer para ele ou sua empresa, ou seja, qual o impacto que esses problemas que o cliente verbalizou podem causar se não forem resolvidos.

Através dessa habilidade, você vai ajudar o cliente a entender a seriedade ou a urgência desses problemas. É comum o cliente ter consciência de que tem um problema. Ele pode estar levemente ou profundamente insatisfeito com alguma coisa, mas você, com a sua habilidade, precisa ajudá-lo a entender a seriedade da questão, a percepção de dor muito mais aguda.

Perguntas de implicação ou consequência

As perguntas de implicação ou consequência servem para isso. Fazendo perguntas de implicação, você consegue mostrar para seu cliente o que pode acontecer se o problema, a insatisfação ou a dificuldade continuar.

São exemplos de perguntas de implicação ou consequência:
"Qual é o impacto financeiro que uma contratação errada tem no seu negócio?"

"Como essa dificuldade de operar o equipamento está impactando a produtividade da fábrica?"

"Como a falta de segurança no bairro onde você mora está influenciando na vida social dos seus filhos?"

"Se esses problemas de relacionamento causados pelos ruídos de comunicação continuarem, o que pode acontecer com o seu cargo?"

No momento em que seu cliente percebe e verbaliza o problema como explícito, você finaliza com perguntas de expectativa ou necessidade de solução. Essas perguntas o fazem imaginar e entender como seria lucrativo ou mesmo interessante agir logo para resolver essas situações.

Essa habilidade faz a pessoa decidir mais rápido do que normalmente decidiria. Ou seja, você consegue trazer à tona muitas necessidades que seu cliente tinha certa intenção de resolver, mas não havia uma real preocupação naquele momento.

Perguntas como:

"Se fosse possível melhorar o funcionamento desse equipamento, aumentando a produtividade, como seria?"

"Se seus filhos pudessem andar de bicicleta e receber os amigos na praça em frente à casa sem se preocupar com a violência, como o senhor ou a senhora se sentiria?"

"Se você fosse reconhecido como o gestor que resolveu os problemas de relacionamento da equipe e aumentou a entrega de resultados, como você reagiria?"

Em vendas mais simples, consideradas vendas menores (entendemos como venda simples aquela que pode ser decidida em apenas um encontro comercial), com poucas perguntas de situação e mais algumas inteligentes perguntas de problema, você consegue direcionar a venda para um possível compromisso, relacionando os benefícios e as vantagens que seu produto e serviço pode oferecer.

Isso se dá pelo fato de que, nesse tipo de venda, geralmente o valor agregado não é muito alto. Há a possibilidade de o cliente tomar uma decisão imediata sem precisar consultar outras pessoas.

Já em vendas complexas, ou seja, em vendas maiores, nas quais geralmente a decisão de compra demora muito mais tempo e passa por vários setores envolvidos no processo, você precisa ir um pouco além para chegar ao tão esperado sim e à assinatura do contrato.

Você deve diagnosticar um pouco mais os efeitos e as consequências que esses problemas podem trazer para seu cliente e ajudá-lo a entender a seriedade e a urgência, mostrando como os benefícios de seu produto ou serviço podem ser decisivos na resolução dos problemas dele. Não vamos nos aprofundar neste momento em benefícios e vantagens porque um capítulo logo adiante tratará somente sobre isso.

Perceba que sem a percepção de dor geralmente não há percepção de valor, e é por esse motivo que a habilidade de desenvolver perguntas inteligentes, independentemente de essas perguntas serem abertas ou fechadas, serve para que o cliente identifique valor naquilo que você está oferecendo.

De maneira geral, o processo mental de decisão funciona de uma forma específica. Inicialmente a pessoa precisa reconhecer uma dor, ou seja, reconhecer que tem um problema, uma dificuldade ou uma insatisfação. A partir daí ela começa a buscar informações. Em um primeiro momento, sobre o problema, em seguida sobre o que poderia solucionar esse problema.

Com as informações em mãos, a pessoa começa a avaliar as opções que estão no mercado. Hoje, da maneira como a tecnologia está disponível, a busca por informações e a avaliação de opções acaba acirrando a concorrência. Com apenas alguns cliques é possível fazer inúmeras pesquisas para buscar informações sobre determinado produto ou serviço.

Após avaliar as opções, a pessoa efetua a compra e utiliza a solução. Tudo isso dentro de uma visão de solução que ela entende ser a melhor ou que ela mesma construiu em sua mente.

Qual é o papel do executivo de vendas?

Interferir de forma inteligente na visão de solução do cliente de maneira que ele possa perceber o produto ou serviço oferecido como solução que se encaixa de forma assertiva naquilo que ele precisa para resolver um problema, uma dor ou uma insatisfação.

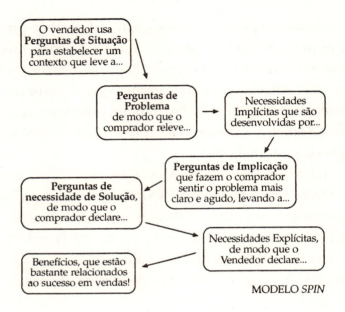

MODELO SPIN

Jeffrey Gitomer, no livro *A bíblia de vendas*, diz que as pessoas não gostam que você venda para elas, mas adoram comprar. Mesmo no processo comercial B2B, ou seja, venda de empresa para empresa, funciona exatamente dessa maneira, até porque quem está comprando são pessoas.

O lado fantástico das vendas é usar de forma habilidosa todas essas perguntas e criar no cliente a sensação de que ele está fazendo uma compra na visão de solução dele, e não a de que você, vendedor, está forçando a barra para ele comprar.

Parece ser a mesma coisa, mas não é. A diferença é muito grande. Como dito anteriormente, as pessoas de maneira geral não gostam que vendam para elas, mas adoram comprar.

Raul Candeloro, escritor e diretor da revista *Venda mais*, explica em seu livro *Levantamento de necessidades* que, em meio às oito etapas do processo de vendas, é interessante também, durante o processo comercial, identificar quais são os irritadores do seu cliente, ou seja, as situações de que ele não gosta e que o deixam irritado. Perguntas como *"Senhor cliente, da última vez que o senhor trocou de fornecedor, qual foi o motivo?"* ajudam a identificar essas situações. Você poderá utilizar essa informação como uma grande fonte de valor para o seu produto ou serviço.

Ainda segundo Raul, a grande dica para conseguir descobrir quais são as reais necessidades do seu cliente é ser prático, objetivo e estratégico. Ao abrir a boca para falar, você pode declarar algo ou fazer uma pergunta. Vendedores habilidosos utilizam a segunda opção.

A autora Dorothy Leeds diz que uma venda é, na verdade, uma série de perguntas para descobrir necessidades, construir relacionamentos e conseguir uma decisão, um compromisso.

Você deve estar se perguntando por que usamos poucos exemplos de perguntas até o momento. Deve estar imaginando: "Mas e no meu segmento, como faço para elaborar as perguntas certas?" Como não sabemos exatamente qual é o segmento em que você atua e não conhecemos profundamente o seu mercado, obviamente não temos como elaborar as perguntas certas para você. Perguntas prontas acabam transferindo ao seu cliente uma sensação de pouco profissionalismo ou, pior ainda, de que você está recitando um discurso ensaiado.

Seria muito cômodo se houvesse alguém no momento da visita que formulasse as perguntas para você, mas precisamos ser sinceros: você só vai conseguir se tornar habilidoso no diagnóstico de um processo comercial se aprender a formular suas próprias perguntas. Não importa se no início elas não ficarem muito boas; o importante é tirar um tempo e formular um roteiro que possa ser melhorado a cada visita. Em pouco tempo você perceberá que essa habilidade está dentro de você.

Outra dica importante que pode ser um atalho para o seu sucesso é observar quais perguntas os melhores vendedores da sua empresa têm o hábito de fazer. Tente imitá-los no começo e, com o passar do tempo, adquirindo experiência, você encontrará seu próprio estilo e saberá formular suas próprias perguntas.

Agora pare por alguns minutos faça o seguinte exercício: Pense em seus clientes e formule pelo menos três perguntas de cada tipo levando em consideração sua realidade. Você começará a colocar em prática essa habilidade e em pouco tempo isso terá reflexo direto nas suas vendas.

Pergunta de situação n. 1
_____
_____

Pergunta de situação n. 2
_____
_____

Pergunta de situação n. 3
_____
_____

Pergunta de problema n. 1
_____
_____

Pergunta de problema n. 2
_____
_____

Pergunta de problema n. 3
_____
_____

Pergunta de implicação ou consequência n. 1
_____
_____

Pergunta de implicação ou consequência n. 2
_____
_____

Pergunta de implicação ou consequência n. 3
_____
_____

Pergunta de necessidade de solução ou expectativa n. 1
_____
_____

Pergunta de necessidade de solução ou expectativa n. 2

_____

_____

Pergunta de necessidade de solução ou expectativa n. 3

_____

_____

As perguntas eliminam preconceitos e "achismos"

Se existe um mal que acomete os vendedores, em nossa opinião, é o preconceito, é o julgar pela aparência sem conhecer de fato o cliente.

Em vendas por telefone conhecemos muitos vendedores que, antes mesmo de ligar para o cliente, já pensam coisas como: essa empresa é pequena demais para comprar, ou, essa empresa é grande demais, não vai se interessar; já falei com ela ano passado e não compraram; eles nunca compram; e por aí vai...

Veja bem: o vendedor nem conhece o cliente e está julgando baseado apenas em sua imagem mental. Mas não pense que pessoalmente a situação fica mais fácil. Dependendo do vendedor, fica pior ainda.

Todos já ouviram o lendário caso do cliente que entra em uma concessionária e nenhum vendedor lhe dá atenção porque ele está sujo e malvestido. Depois de muito tempo, finalmente alguém fala com ele e, para sua surpresa, o cliente compra a melhor picape da loja e paga à vista! Ele é o fazendeiro mais rico do estado e não liga para roupas. Na verdade, ele poderia comprar a concessionária se quisesse.

Não julgue, pergunte. Quanto mais você perguntar e se interessar pelo cliente de forma sincera e verdadeira, mais ele confiará em você e nas suas palavras, porque você estará sendo diferente da maioria dos vendedores, que não estão nem aí para o cliente e só querem saber de vender a qualquer custo e ganhar a sua comissão.

A venda é consequência de um bom atendimento. Se você se preocupar em entender qual a dor do cliente que o seu produto ou serviço resolve, ele vai comprar de você. Ele quer solução, e para dar o remédio certo você precisa fazer o diagnóstico certo.

Resumo

Neste capítulo você aprendeu:

- a importância do levantamento de necessidades antes de progredir com o processo de vendas;
- quanto mais e melhores perguntas, menos objeções aparecerão na venda;
- noções sobre o famoso método *Spin*®;
- os três tipos de perguntas: de necessidade, de problema e de consequência;
- as perguntas eliminam os preconceitos e os famosos achismos dos vendedores.

MOMENTO DE REFLEXÃO

Qual a importância do diagnóstico de vendas?
Faz sentido entender para atender bem?

PLANO DE AÇÃO:

Escreva aqui, de maneira clara, simples e objetiva, o que você colocará em pratica inspirado no capítulo que acabou de ler. É um compromisso com você mesmo!

_____
_____
_____
_____
_____
_____

PILAR N. 4: PROPOSTAS DE VENDAS IRRECUSÁVEIS

Vendedores de alta performance apresentam propostas irrecusáveis!

Apresentar uma proposta de valor irrecusável: esse é o papel do executivo de vendas diante de todas as informações que conseguiu levantar no diagnóstico com seu cliente.

Como falamos no capítulo anterior, *sem a percepção de dor não existe a percepção de valor.*

Isso não quer dizer que você não conseguirá vender em nenhuma hipótese seu produto ou serviço sem mostrar valor. A prova disso são as empresas que se posicionam no mercado com preço baixo e conseguem vender. A dificuldade se apresenta, nesse caso, no fato de o cliente dificilmente concordar em pagar mais pelo produto ou serviço se não perceber algo que o faça entender isso.

Existem inúmeras definições literárias da palavra **valor** formuladas por diferentes autores em suas obras. Entre todas as que encontramos, a definição mais simples foi a do Dicionário Online. Em uma comparação direta com preço, esse dicionário diz que **valor** é o que você leva e preço é o que você paga. Portanto, se o objetivo no processo comercial é cobrar ou receber mais do que a concorrência pelo mesmo produto ou serviço, então você precisa fazer o cliente perceber que essa diferença de preço vale a pena.

Quem vem por preço vai por preço, e quem vem por valor fica por valor. Essa é uma das maiores verdades em vendas, por isso já falamos aqui neste livro: fique atento à qualidade dos clientes que quer ter. Será que realmente vale a pena vender a qualquer custo? Vender é uma coisa, ter lucro é outra bem diferente. Costumamos dizer nas palestras que vender é a coisa mais fácil do mundo; é só baixar o preço. Conhecemos várias empresas que quebraram de tanto vender... O problema delas nunca foi as vendas, e sim a má gestão dos lucros.

Em seu livro *Habilidades de negociação*, o professor Limão Ervilha afirma que o cliente não compra produto ou serviço, mas sim o que o produto ou serviço pode fazer por ele.

Nesse aspecto, para entender onde se encontra o **valor**, é fundamental falarmos um pouquinho sobre a diferença entre características, benefícios e vantagens.

Características: são as configurações das diversas matérias-primas existentes em seu produto, ou seja, a composição técnica de um produto ou serviço, do que ele é feito. É a parte racional da venda, o detalhe e a parte técnica.

Exemplo: Motor 1.0 de 3 cilindros

Benefícios: tudo aquilo que as características proporcionam, mesmo que o cliente ainda não tenha percebido ou que não sinta necessidade. A necessidade desse benefício pode estar explícita (muito mais fácil identificar) ou implícita (o cliente ainda não percebeu em que esse benefício poderia ajudá-lo). É a parte emocional da venda, o sentimento, a emoção e a vantagem daquela característica.

Exemplo: Motor 1.0 significa economia de combustível.

Vantagens: são as ampliações dos benefícios e estão diretamente relacionadas ao problema e à dor do seu cliente. Uma vez que você consiga fazer o produto ou serviço resolver exatamente o problema que o cliente está enfrentando, ele perceberá nisso um grande valor, o que justifica um preço maior. Vantagem é o que o cliente ganha com os benefícios. É a parte onde o cliente enxerga em sua realidade o valor. Exemplo: com a economia de combustível que fará durante o ano, você pode pagar o seguro do carro com o dinheiro que gastaria.

Vamos a mais alguns exemplos.

Imagine que você esteja precisando comprar um colchão novo, pois o seu já está bastante deformado. Ao chegar a uma loja especializada, você é prontamente recebido por um vendedor ou vendedora muito(a) atencioso(a) que percorre todos os passos de um bom atendimento. Esse profissional o recebe com um sorriso no rosto, o chama pelo nome e começa então a fazer as perguntas de diagnóstico para tentar entender exatamente o que você busca e assim poder lhe ajudar.

Quando acredita que já identificou sua "dor", seu "problema" ou seu "desejo", o vendedor inicia a demonstração. Ele explica que o colchão que está lhe mostrando possui molas ensacadas, espuma desenvolvida pela NASA, tecido com fibra de bambu e base com estrutura de inox reforçada. Essas são as características técnicas do produto.

Embora você imagine as características como diferenciais competitivos, elas nada mais são que as matérias-primas, ou seja, do que o produto é fabricado.

Quando esse mesmo vendedor explica a você que a mola ensacada existe para que o colchão consiga se adaptar ao seu biotipo e aos diferentes pesos das regiões de seu corpo, como pernas, quadril, tronco e cabeça, e que o tecido com fibra de bambu auxilia na circulação periférica, deixando a superfície do colchão mais refrescante e melhorando seu sono em noites quentes, e ainda que a espuma desenvolvida pela NASA absorve seu suor, evitando que haja proliferação de ácaros, estes são os benefícios que o produto apresenta.

Perceba que, independentemente de você precisar ou não melhorar a circulação e a temperatura periférica do seu corpo, estes são benefícios que as características proporcionam para quem se deitar naquele colchão.

Seguindo adiante no exemplo, digamos que esse mesmo vendedor que está lhe atendendo consiga identificar que você tem um problema de desvio da coluna, e que sente muitas dores durante o dia devido ao esforço de ficar horas trabalhando em pé. Por trabalhar muito tempo dessa forma, as vértebras são comprimidas, e a dor se origina desse esforço.

Você tem um problema iminente. Você tem uma **dor** literal que precisa ser resolvida. Esse vendedor muito habilidoso conseguiu perceber isso.

Com habilidade, ele informa, então, que o colchão não apenas possui o benefício da mola ensacada se moldando ao peso do seu corpo, mas também consegue corrigir a postura da sua coluna enquanto você está dormindo, ou seja, consegue fazer você se deitar na posição correta, aliviando as dores ocasionadas durante o dia pelo fato de passar muito tempo em pé.

Há, então, nesse aspecto, um benefício direto do produto (no caso o colchão) em relação ao que você está buscando para resolver seu problema, que são as dores na coluna. Isso se apresenta como uma grande vantagem, pois, se você perceber que realmente há uma possibilidade de diminuir as dores com esse benefício, justifica ou não justifica pagar um preço maior pelo produto? Isso é agregar **valor**, é vender **valor**.

É necessário entender que nem todas as pessoas possuem uma visão mais apurada, por isso não conseguem prever o que o produto lhes proporcionará. Cabe, então, ao vendedor mostrar e explicar os benefícios recebidos. Às vezes o que é óbvio para o vendedor pode não ser para o cliente.

Um erro muito comum entre os vendedores é não saber vender os benefícios do produto, e oferecerem somente as características.

O mais importante em uma boa apresentação de vendas é mostrar o que o produto pode fazer pelo cliente (benefício), e não o produto em si (característica).

Faça um exercício simples, mas poderoso: sempre que falar sobre a característica de um produto/serviço ao cliente, pergunte a si mesmo: "E daí?" É essa pergunta que passa pela cabeça dele. Então, complete com "Isso significa...". Automaticamente, a frase puxará o benefício, e é ele que fará com o cliente comprar.

Exemplos:

Característica	Pense	Diga...	Benefício
Geladeira moderna	E DAÍ?	Isso significa...	Beleza e economia de energia
Brocas diamantadas	E DAÍ?	Isso significa...	Furos rápidos e perfeitos
Carro 1.0	E DAÍ?	Isso significa...	Economia e custo baixo
Cofermol com 1,3% de cobalto	E DAÍ?	Isso significa...	17% de rendimento a mais na lavoura

Esteja também sempre atento às necessidades de seu cliente, fale sobre os benefícios que resolverão os problemas dele, como: ganhar dinheiro, parar de perder clientes, ter segurança, tranquilidade, mais saúde...

Lembre-se, se o cliente não tiver resposta para o "e daí?", não comprará. Então não venda o produto: venda o que o seu produto e/ou serviço fará de bom para ele.

Eduardo Tevah, nosso amigo, escritor, palestrante e empresário, afirma no livro *O vendedor diamante* que, em vendas, o sucesso depende de falar sobre o produto pensando na necessidade de cada cliente. Se você conseguir fazer seu produto ou serviço se encaixar na necessidade que o cliente está buscando, obviamente o valor começará a ser muito maior que o preço a ser pago, ou seja, aquilo que o cliente espera receber de você (relacionado à resolução de problemas) é muito maior do que o que ele pretende pagar.

Spencer Johnson, no livro *O vendedor-minuto*, lançado aqui no Brasil pela Editora Record, diz que, quando quer se lembrar de como vender, simplesmente se lembra de como ele mesmo e outras pessoas gostam de comprar.

Toda vez que for apresentar uma proposta, analise se ela está, de certa forma, "irrecusável". Mesmo que o cliente não verbalize, é importante saber que em sua cabeça geralmente está "martelando" uma pergunta que costumamos chamar de *a pergunta de um milhão de dólares*: "E aí, em que isso pode me ajudar?"

Essa dúvida é iminente e real. Portanto, quando for mostrar uma característica e um benefício, é fundamental que você complemente com algo como: meu produto/serviço tem estas características, que proporcionam estes benefícios. Isso significa que.... Você complementa com algo que pode ir diretamente ao encontro das necessidades do seu cliente naquele momento e que você conseguiu identificar no diagnóstico.

Se, mesmo após você apresentar todas essas vantagens, o seu cliente continuar batendo no preço como objeção, isso pode ter dois motivos:

Motivo 1: talvez ele realmente não tenha conseguido perceber todo o diferencial que você está apresentando. Nesse caso, você precisa voltar ao diagnóstico e fazer mais algumas perguntas para tentar entender se deixou de identificar o problema certo.

Motivo 2: ele gosta de barganhar. Este é o objetivo da maioria dos clientes: comprar o melhor pelo menor preço. Nesse caso, é importante que você mantenha uma postura profissional competente. Seja firme sem ser rude, para que o cliente perceba que está negociando com quem entende do assunto.

Há uma frase que ajuda nesse momento. Não sabemos ao certo quem é o autor, mas, como a primeira vez que o Rejiano ouviu foi da boca do palestrante Thiago Concer, vamos dar o crédito a ele. Ela diz o seguinte: o meu produto ou serviço não é mais caro; ele vale mais por conta de todos esses benefícios e de todas essas vantagens que eu mostrei.

Perceba que, quando você coloca que o produto ou serviço não é mais caro, e sim vale mais, você está falando de preço **justo**, e justiça é um fator muito forte em vendas. Além disso, você acaba mostrando para o cliente que realmente sabe a grande diferença que há entre o seu produto ou serviço e o da concorrência.

Se bater aquela dúvida, pense o seguinte: se eu sou bom, se a minha empresa é boa, se o meu produto é bom e o preço é justo, o cliente DEVE pagar mais por isso. Definitivamente, ele não está fazendo nenhum favor.

Desenhe na mente do seu cliente

Muitas vendas são perdidas não porque os vendedores desconhecem o que estão tentando vender, mas porque na hora de explicar fazem uma baita confusão na cabeça do cliente e complicam tudo.

Cuidado ao passar muita informação, muitos detalhes, muitos números, valores e diferentes formas de pagamento. Isso pode confundir seu cliente, deixando-o inseguro, e você perderá a venda.

Uma técnica muito simples que poderá lhe salvar é a seguinte: pegue uma folha em branco (pode ser uma folha A4 comum) e escreva ali sua proposta. Você pode até desenhar. Use setas, círculos, grife e destaque os pontos importantes.

É importante que o seu cliente não tenha qualquer dúvida que o faça se sentir seguro para comprar, e o papel ajuda muito. As anotações funcionam como uma espécie de documento, de prova do que o vendedor está dizendo. Isso é tão verdade que muitos clientes, quando são atendidos com essa técnica e decidem comprar, pedem para ficar com o tal rascunho. Eles querem algo que prove o que foi prometido e combinado no ato da venda.

Lei do contraste e visão míope em vendas

Lei do contraste

A lei do contraste consiste em trabalhar com o cliente uma oferta mais alta, daí o preço que vem em seguida, naturalmente, parecerá mais baixo.

Não importa o que você vende; primeiro ofereça seu produto ou pacote mais caro e mais completo e trabalhe esse valor na cabeça do cliente. Em seguida, ofereça o produto ideal (você já saberá qual é se seguiu a proposta do tema 11).Sua chance de vender será muito maior, porque você estará partindo de um referencial mais alto. Talvez você até poderá vender o primeiro produto oferecido; dependerá do benefício que apresentar ao cliente.

Caso verídico: Em uma palestra em São Paulo o representante Frank S. da Silva aprendeu sobre a lei do contraste. Resolveu testá-la e colocá-la em prática. Após algumas semanas notou o aumento nas vendas. Ele disse: "Ao abrir o mostruário, passei a oferecer as peças de maior valor. No começo achei estranho, mas essa técnica, calculo, aumentou meus pedidos em 25%."

Visão míope

Qual a visão que você tem do seu produto? Você sabe mesmo o que vende?

A Kopenhagen vende chocolate? A Victor Hugo vende bolsas? A Harley-Davidson vende motos?

Em vendas, existe algo chamado "visão míope", que apelidei carinhosamente de "Visão Mister Magoo". Ela acontece quando só enxergamos o produto que estamos vendendo e não o que está relacionado a ele.

Mas existe outra visão, chamada "visão estratégica" ou "visão de águia".

- A Kopenhagen vende presentes, sedução. Seus concorrentes são floriculturas, motéis, lojas de lingerie etc.
- A Victor Hugo vende status, sucesso.
- A Harley-Davidson vende estilo, juventude

A maioria dos vendedores desconhece o verdadeiro significado, o real motivo para a compra de seu produto. Assim, eles oferecem o produto ao cliente com uma visão míope. A única forma de fechar a venda será baixar o preço.

Cuidado com o óbvio

Vendedores veteranos, com muitos anos de experiência em uma determinada área, geralmente possuem um vasto conhecimento sobre o que estão vendendo, fruto de anos de trabalho fazendo a mesma coisa todos os dias. Com isso, tudo se torna óbvio demais para eles. Isso é normal. Afinal, imagina-se que o vendedor que trabalha com carros há mais de dez anos saiba tudo sobre carros. O mesmo vale para quem vende ternos e outras roupas masculinas, e ainda para dentistas, mecânicos, técnicos em computadores etc.

O problema é que quem está comprando não é especialista no assunto, não tem o mesmo conhecimento, e os vendedores, por preguiça ou comodismo, deixam de apontar os benefícios, que para eles são óbvios, mas para o cliente não são! Com isso, os clientes acabam deixando de comprar, simplesmente porque não viram o devido valor no que o vendedor está oferecendo.

Capriche em suas apresentações de vendas. Não tenha preguiça e explique tudo, até mesmo aquilo que aparentemente é óbvio para você.

Dan Siedman, da Sales Autopsy, diz que precisamos olhar as coisas pela perspectiva do cliente. Ele não compra seu produto ou serviço; compra o que espera ganhar usando seu produto ou serviço. Compra a sensação, o benefício, o status e por aí vai...

Se não entendemos o que está acontecendo de verdade no momento em que o cliente solicita uma proposta, podemos desperdiçar horas sem fim criando e entregando documentos para pessoas que não têm realmente a intenção de comprar nossos produtos ou serviços. E sabe por quê? Porque todo mundo quer consultoria grátis, ainda mais quando a coisa vem por escrito e não pessoalmente. Se você não tem uma estratégia para lidar com pedidos de propostas e orçamentos, está à mercê do seu potencial cliente.

John Graham, consultor norte-americano, presidente da Graham Communications, fala em três pontos que você deve levar em conta para entender o que seus clientes realmente procuram quando ouvem uma apresentação de venda.

1. **Foco na tarefa**: exageros e promessas vagas não são bem vistos. Os clientes esperam ser atendidos rapidamente. Todo mundo vive pressionado, de um lado pela falta de tempo e do outro por exigências cada vez maiores do mercado e da própria sociedade. Ninguém tem tempo a perder. A melhor maneira de chamar a atenção em um ambiente assim é oferecendo informações úteis, e a melhor maneira de fechar uma venda é mostrando competência.
2. **Simplifique**: nada de coisas complexas e complicadas estão fora. Dê as boas-vindas à simplicidade. Essa é a forma de manter a atenção de seus clientes. Para uma empresa de serviços, isso significa posicionar-se como um fornecedor externo, enfatizando as vantagens da terceirização. No caso de máquinas, equipamentos e outros produtos, eles devem tornar a vida de seus compradores mais fácil e simples.
3. **Posicione-se como tecnologicamente avançado**: mesmo em segmentos mais tradicionais, é possível trabalhar de maneira muito mais inteligente, rápida e eficaz usando a tecnologia. Hoje em dia, ela permite também reduzir desperdícios e custos. Essa economia pode ser repassada aos clientes na forma de descontos ou usada para engordar sua margem de lucro.

Em seu livro *Proposta de valor,* Raul Candeloro explica que constantemente vemos propagandas com frases exageradas ou afirmações beirando o mágico que naturalmente nos levam a desconfiar da proposta. Elimine do seu vocabulário de vendas declarações pirotécnicas ou exageradas.

Ainda segundo Raul, deve-se tomar cuidado, no momento de colocar uma proposta, com o uso de clichês como "somos o nome mais respeitado do ramo". Isso soa muito arrogante e inútil. Se você realmente quer passar credibilidade para o mercado, precisa provar suas afirmações. Por exemplo: somos a maior empresa de pipocas de acordo com a Revista X.

Conte histórias e venda mais

Embora pareça, isso não é novidade. Segundo Art Sobczak, Jesus Cristo usava histórias frequentemente. As suas parábolas, por exemplo. Políticos utilizam histórias para simplificar casos complexos e manipular a opinião pública.

Exagero ou não, governo ou oposição, pouco interessa. O que importa é que esse tipo de história cria imagens muito reais em nossas mentes. Contos, metáforas, analogias, tudo isso ajuda o cliente a entender melhor e aumenta a retenção da sua proposta. Aposto que, se você parar para pensar, vai se lembrar de muitas histórias que ouviu de seus professores quando estudava. Talvez nem se lembre mais do conteúdo que o professor passou, mas se lembra das histórias.

Você sabia que, no momento de fechar a venda, mais de 90% dos vendedores que acompanhamos estão tão preocupados em concluir o negócio e não perdê-lo que se esquecem completamente de contar histórias de outros clientes que estão satisfeitos? Eles estão desperdiçando um dos mais poderosos argumentos de vendas que existem: depoimentos reais de clientes felizes.

Por que histórias são importantes em uma apresentação?

Hoje o maior concorrente que você tem é o MEDO. Sim, isso mesmo, o medo que os clientes têm de comprar e se arrepender, do prometido não ser cumprido, de dar algo errado.

Isso acontece porque, em um passado não muito distante (na verdade ainda atualmente), muitos maus vendedores prometeram coisas e não cumpriram. O cliente traumatizado pensa que isso acontecerá novamente. Para provar o que estamos falando aqui, fizemos uma enquete na avenida Paulista, em São Paulo, em frente ao nosso escritório. Abordamos pessoas comuns que passavam por ali e perguntamos a elas: "Quando você houve a palavra VENDEDOR, o que vem à sua cabeça? Responda rápido."

Sabe quais foram os sinônimos que ouvimos? Mentiroso, cafajeste, promete e não cumpre, só quer ganhar a comissão dele, só quer vender, não está nem aí pra mim, tudo dele é melhor, não dá suporte após a venda, etc...

Triste constatação, mas foi o que aconteceu. Não estamos dizendo que todos os vendedores são assim. Felizmente sabemos disso. Mas essa é a imagem ruim que a maioria dos clientes tem dos vendedores.

Isso se torna mais grave ainda, como já dissemos aqui, pois os clientes não são obrigados a acreditar em um vendedor à primeira vista, sem conhecer o passado dele, sua conduta, seu caráter e os valores da empresa que representa.

Como quebrar essa barreira? É justamente aí que entra em jogo a importância dos depoimentos e histórias de clientes felizes. Porque o cliente pode até discordar ou não acreditar em você, mas não pode discordar de um fato, de uma história verdadeira.

Cite outros clientes que compraram e isso lhe dará um poder gigante para fechar vendas.

Depoimentos em vídeos e fotos

Você pode contar histórias e até mostrar depoimentos por escrito. Tudo isso o ajudará a vender mais. Mas o bom mesmo é mostrar depoimentos em vídeos e fotos de situações reais. Isso elevará sua credibilidade em até 70%.

Vídeos e fotos são capazes de desarmar quase todas as objeções e medos dos clientes.

César Frazão conheceu um vendedor de consórcios em Aracaju que ganha muito dinheiro mostrando fotos de clientes contemplados nas assembleias de consórcios, fotos de clientes retirando seu carro ou moto zero da concessionária ou ainda abrindo pela primeira vez sua casa adquirida através do sistema.

Uma dica quente: quanto mais amador for o vídeo, mais credibilidade ele passará. Vídeos feitos com cachorro latindo ao fundo, barulho de moto passando na rua, iluminação inadequada etc. convencem mais do que produções lindas, feitas por agências em estúdios modernos.

> *"Não confunda jamais conhecimento com sabedoria. Um o ajuda a ganhar a vida; o outro, a construir uma vida."*
> (Sandra Carey)

Procure tópicos em seu passado, experiências já vividas com outros clientes, os primeiros anos de vida, educação, lutas iniciais para progredir, passatempos e recreação, crenças e convicções. Tudo isso, se utilizado de forma inteligente, com metáforas, analogias ou mesmo trazendo fatos verídicos que sustentem sua argumentação, pode fazer o cliente se identificar com suas histórias e criar o modelo mental compatível com aquilo que você está oferecendo.

Lembre-se: valor percebido é o ganho percebido menos o custo percebido.

Em resumo, a percepção de valor está diretamente relacionada a quanto das necessidades dos clientes os benefícios conseguem suprir na visão de compra dele. Portanto, benefícios em excesso podem se tornar custos na cabeça do cliente.

Resumo

Neste capítulo você aprendeu:

- a diferença entre valor e preço na proposta de vendas;
- característica × benefício × vantagem;
- a técnica do "E daí? Isso significa que..."
- motivos pelos quais o cliente não compra;

- desenhar na mente do seu cliente;
- lei do contraste e visão míope em vendas;
- cuidado com o óbvio;
- conte histórias e venda mais;
- por que as histórias são importantes em uma apresentação de vendas;
- depoimentos em vídeos e fotos.

Momento de reflexão

Aponte três características e três benefícios do que você está vendendo.
   Você tem uma história de cliente satisfeito? Qual?

Plano de ação:

Escreva aqui de maneira clara, simples e objetiva, o que você colocará em prática inspirado no capítulo que acabou de ler. É um compromisso com você mesmo!

_____
_____
_____
_____
_____
_____

PILAR N. 5:
NEGOCIAR BEM E FECHAR MUITAS VENDAS

Vendedores bonzinhos não ganham dinheiro

Executivos de vendas campeões dominam a arte da negociação e têm uma precisão cirúrgica no fechamento da venda. Raramente perdem uma venda, estão sempre ligados e dominam um monte de estratégias que levam o cliente a comprar.

A negociação existe no mundo há milhares de anos, desde os mais antigos comerciantes árabes, passando pelas cruzadas europeias, que partiam com seus navios cheios de especiarias para trocar mercadorias com países do outro lado do mundo. Mas certamente, como tudo no mundo, a negociação passou por mudanças e evoluiu.

Hoje podemos dividir a negociação moderna em quatro etapas. São elas:

1. Planejamento
2. Persuasão

3. Execução
4. Fechamento

Planejamento

Vimos este assunto no Pilar n. 1 dos campeões de vendas. Mas aqui vamos tratar dele de forma mais específica, olhando para os bastidores de uma negociação.

Quanto mais você se planejar para uma negociação, mais chances terá de fechar a venda. O planejamento em uma negociação é como a raiz de uma árvore: você não a vê, mas ela está lá, e, quanto maior e melhor for, mais gostosos serão os frutos que a árvore dará para você.

Você pode se preparar para uma negociação em diversos graus de intensidade. Quatro fatores são imprescindíveis e lhe ajudarão a conseguir o resultado desejado:

1) **Local da negociação**: prefira sempre a sua empresa, o seu local. Quando você negocia em casa, sempre leva vantagem, porque não se distrai em um ambiente novo, tem apoio de última hora se precisar de algo, está emocionalmente mais equilibrado e não tem o desgaste de se deslocar para ir até o cliente.
2) **Posição das cadeiras**: cadeiras frente a frente indicam disputa e competição. Cadeiras lado a lado (do mesmo lado da mesa ou em uma mesa redonda) indicam amizade e deixam claro que ambos estão olhando para a mesma direção. Quando o cliente tiver o estilo predador, recomenda-se sentar frente

a frente; quando for bonzinho, recomenda-se sentar lado a lado. Essa estratégia simples tem o poder de dar um rumo totalmente diferente à negociação.
3) **Estilo do cliente**: leve em conta os diferentes estilos, como já falamos aqui nos pilares n. 1 e 2, para se preparar de acordo com cada perfil de cliente.
4) **Tempo da negociação**: aqui está um dos fatores mais importantes para prever, porque *quem não tem tempo negocia mal*. Deixar para negociar na última hora pode ser uma tremenda vantagem ou desvantagem, dependendo do lado da mesa em que você está. Portanto, planeje-se e use o tempo a seu favor.

Exemplos: o vendedor, precisando bater a meta de vendas, tentando negociar no último dia do mês com um comprador profissional, quebrará a cara e fará uma péssima negociação. Já o vendedor que atende um cliente que tem urgência de adquirir determinado item negociará bem, porque quem está sem tempo e sem opções é o cliente e não ele.

Mesmo que o planejamento da negociação seja simples, ele sempre deve ocorrer. Evite trabalhar somente com base na intuição e no improviso.

Persuasão

A persuasão é a alma da negociação. É a fase na qual você vai conduzir o cliente para chegar ao ponto que você quiser. Grandes campeões em vendas são sempre excelentes negociadores e dominam muito bem as seis armas da negociação:

1. Argumento da autoridade

Cargos famosos, títulos, uniformes e fardas importantes exercem uma boa influência no inconsciente coletivo e por isso levam vantagem em uma negociação. Por exemplo, quando se vê um médico muito bem-vestido, alinhado, com camisa social, gravata e um jaleco branco impecável por cima, automaticamente é transmitida a imagem de um profissional rico, bem-sucedido, de bom gosto, bom no que faz e que cobra caro pelos seus serviços. Da mesma maneira, quando um cliente se apresenta para você como coronel de alta patente ou delegado da Polícia Federal, estes cargos impõem respeito e tendem a amedrontar o negociador mesmo sem a pessoa fazer nada demais, somente pelo seu peso.

Sabendo disso, agora você vai aprender a se defender desse tipo de situação e a tratá-los como clientes normais. Outra boa notícia é que você também pode influenciar sobre seus clientes usando um cargo. Sabe qual? O de ESPECIALISTA.

Toda vez que você se apresenta como especialista no que vende, naturalmente impõe certa autoridade sobre o assunto. Exemplos: especialista em consórcios, especialista em imóveis usados, especialista em ar-condicionado etc. Use essa força da persuasão a seu favor.

2. Argumento da reciprocidade

Esta é uma arma muito poderosa em vendas. É a arma do amor e da compaixão, que libera nos clientes essa força gigantesca e ajuda muito a fechar negócios.

Toda vez que você dá uma amostra grátis, promove uma degustação, um test drive ou uma aula gratuita, está liberando a reciprocidade em seu cliente. *Ele se sentirá obrigado a retribuir, pois no seu inconsciente estará devendo algo a você*. E a maneira mais fácil que ele pode encontrar de retribuir é comprando algo de você. Portanto, não hesite em dar e fazer pequenos favores a seus clientes. Essa lei da vida nunca falha.

3. *Argumento da afeição*

A multinacional Tupperware sabe muito bem dessa arma e a utiliza como ninguém há décadas. Com isso, vende milhões de dólares todos os anos pelo mundo.

Quando uma pessoa faz uma reunião da Tupperware na própria casa e convida todas as amigas, elas possivelmente comprarão muitos itens. Além da qualidade, que, claro, não se discute, elas se sentirão como se estivessem comprando de uma amiga e não de uma empresa multinacional. Entendeu a jogada de vendas?

Outro ingrediente poderoso que pode liberar essa força é o elogio. "Todo mundo gosta de ser elogiado. O elogio é o alimento da alma", disse Abraham Lincoln. Quando você faz um elogio sincero sobre algo que admira em seu cliente, ele imediatamente gostará de você. Elogios sempre ajudam a negociar melhor.

4. *Argumento da aprovação social*

Temos tendência a gostar de pessoas parecidas conosco e que tenham gostos parecidos. Isso está embutido em nossa criação. Sabendo disso, você pode usar em uma negociação apelos de que todos gostam e associá-los ao que você está vendendo.

Por exemplo, produtos em cuja propaganda aparece o jogador Neymar venderão mais, porque as pessoas gostam do Neymar. É assim que funciona.

A mídia e o marketing estão diretamente relacionados a essa arma de persuasão. Quando em uma venda você diz coisas como "Tem muita gente comprando; eu mesmo já vendi para muitos clientes; este está na moda, é um dos que mais saem atualmente", a venda é facilitada, porque o cliente não quer ficar para trás.

5. *Argumento do compromisso*

Aqui vamos dar a você uma dica poderosa para lidar com clientes que ficam enrolando para dar uma resposta.

Se eu perguntar qual pessoa foi um exemplo de homem ou mulher de palavra em sua vida, aquela pessoa que, ao dar a sua palavra, todos sabiam que o combinado seria cumprido, provavelmente você pensará no seu pai ou na sua mãe. Como aplicar isso em vendas?

Um bar em Belo Horizonte fazia reservas para clientes que queriam assistir ao jogo de futebol à noite nas mesas que ficavam na calçada. O problema é que muitos clientes reservavam e não compareciam, e com isso o bar perdia, porque não era possível liberar a mesa que estava reservada e o dono da reserva não aparecia. Mesmo pedindo ao fazer a reserva "O senhor nos avise se desistir", somente cerca de 15% dos que mudavam de ideia ligavam para cancelar.

Os garçons passaram a usar a arma do compromisso nas reservas e falavam o seguinte para os clientes: "O senhor nos avisa se mudar de ideia? Posso confiar na *sua palavra*?" Uma vez acionada a lei do compromisso, o resultado foi que 75%, cinco vezes mais clientes, passaram a ligar cancelando a reserva simplesmente porque tinham dado sua palavra (não queriam desonrar seus pais).

Faça isso. Toda vez que um cliente disser "Vou pensar e te ligo semana que vem", responda: "O senhor me dá a sua palavra de que vai me ligar assim que tiver uma decisão formada?" Você verá como essa arma funciona e ajuda bastante.

6. Argumento da escassez

O que é raro tem mais valor. A escassez valoriza seu produto ou serviço. Quando temos estoque limitado, promoção somente até amanhã, últimas unidades ou a vendedora da loja diz "O seu número eu não devo ter mais. Acho que vendi o último agora há pouco", isso dá uma certa sensação de desespero, um medo de ficar sem. Nada mais é que a arma da escassez acionada como um gatilho mental forte e poderoso que o ajudará nas negociações.

Execução

Essa é a fase prática da negociação moderna, na qual você vai colocar em ação todas as estratégias e conhecimentos para conseguir o resultado desejado.

Vale ressaltar dois pontos básicos de qualquer negociação:

- Fazer uma oferta inicial alta e arrojada para ter margem para baixá-la no decorrer da negociação e chegar ao valor desejado.
- Usar a palavra SE. Exemplo: "eu consigo 5% de desconto SE o senhor me comprar este segundo item a mais", "Eu consigo parcelar o pagamento SE a entrada for paga agora." Ou seja, nunca dê alguma coisa; sempre exija uma contrapartida. É assim que os grandes negociadores fazem.

É muito importante ter sangue frio e calma para negociar bem nesta fase. Não tenha medo de perder a venda. Converse com o cliente e vá entrando em um acordo aos poucos. Não ofereça todas as condições de uma vez. Além de os clientes não valorizarem, você ainda poderá perder a venda.

Fechamento

Não existe venda sem fechamento. Após a negociação, imediatamente vem o fechamento. Você não pode bobear, senão perde o tempo da venda e a negociação esfria.

Garra, pegada forte, sangue nos olhos. Essa é a postura que você precisa ter para fechar uma venda. Ir pra cima com a faca nos dentes, como se diz no nosso meio.

E quando o cliente diz "Vou pensar. Me ligue amanhã"?

Normalmente, quando o cliente quer despachar o vendedor mas não tem coragem, diz "Vou pensar, me ligue amanhã", "Preciso falar com meu sócio ou esposa", ou qualquer outra desculpa desse tipo.

Quando isso acontecer, não aceite passivamente. Pergunte:
"Qual a sua dúvida?"
"Qual a diferença entre fechar agora e amanhã?"
"De 0 a 10, qual a chance que eu tenho de o senhor comprar amanhã?"
"Se o senhor não tivesse sócio e pudesse decidir sozinho, compraria agora?"
"Posso falar com o seu sócio agora para explicar a ele o que estou lhe oferecendo?"
"Fique tranquilo, o seu sócio vai elogiar a sua atitude, pois ela vai fazer bem para o futuro da empresa."

Insista um pouco, mas cuidado para não se tornar chato. Quando não tiver saída a não ser adiar a definição, não deixe a segunda visita em aberto: saia da reunião já com data e hora marcada para a segunda entrevista. Assim: "O senhor prefere que eu volte no início da manhã ou no final da tarde?". Abra a agenda na frente dele e anote. Você mostrará que é uma pessoa profissional.

É preciso dobrar o ferro enquanto ele está vermelho. Se deixar esfriar, já era. É isso que pensam os campeões em vendas: para eles não existe o amanhã.

O desafio é ser firme sem ser chato, mas tenho certeza de que, com bom senso, estas dicas o ajudarão a ganhar muito dinheiro. Uma coisa é certa: se você aceitar passivamente as desculpas dos clientes quando se despedir ou desligar o telefone, dê adeus! Será como ficar parado na estação vendo o trem partir.

Não desista logo. Argumente sempre, insista um pouco mais e você reverterá muitas vendas!

Se perder alguma venda, não tem problema. É preferível ouvir um não verdadeiro a um sim falso. Ouvindo o não, pelo menos você sabe que perdeu e partirá para a próxima; o falso sim é que arrebenta com o vendedor, porque ele cria expectativa, conta com o negócio feito, perde energia naquilo e a venda nunca acontecerá.

Técnicas práticas para fechamento de vendas

Os clientes não são iguais, logo não compram da mesma forma. Esse é um dos motivos pelos quais os vendedores perdem muitas vendas todos os dias. Eles só sabem fazer um ou dois tipos de fechamento, e os usam com todos os clientes, como se todos fossem iguais.

Se o cliente é inseguro, precisa de um fechamento que passe segurança. Se quer desconto, precisa de um vendedor que dê essa sensação a ele e assim por diante. Veja alguns exemplos:

Técnica 1: solicitar o pedido

A melhor maneira de vender é solicitando que o cliente compre. Não espere que ele peça para comprar. Você deve agir primeiro. Se esperar muito, outro chegará na sua frente. Arrisque tentativas, como: "Deseja que eu lhe envie na semana que vem? Gostaria de um acessório adicional?"

Técnica 2: pontos fortes e fracos

Este é um dos mais poderosos fechamentos, e funciona muito bem com clientes detalhistas e inseguros. Pegue uma folha em branco e divida-a ao meio com um risco. Peça para o cliente escrever todos os pontos positivos da compra em um lado e, no outro, todos os negativos. É muito importante que ele anote, e não você. É preciso usar as expressões "vantagens de comprar" e "vantagens de não comprar", não a palavra "desvantagem", que traz implícito um sentimento de perda. Depois disso, se você fez uma boa apresentação, por uma questão matemática, ele vai comprar. Faça o teste e veja o resultado!

Técnica 3: reduzir ao ridículo

Ideal para clientes que querem pagar pouco. Mostre como o seu produto ou serviço é barato e acessível dividindo o seu preço pelo número de dias que ele vai durar ou pelo prazo de pagamento. Exemplo: "Neste plano de saúde o senhor investirá somente R$9,70 por dia para ficar tranquilo, e sua família merece esse investimento" (soa mais barato que dizer que o custo é de R$300,70 por mês).

Técnica 4: vender desvendendo

Às vezes a melhor coisa a fazer é deixar o cliente à vontade para pensar. Diga a ele, por exemplo: "Fique à vontade para pensar e procurar em nossos concorrentes, mas antes eu queria lhe dizer uma última coisa... Independentemente do que o senhor encontrar ali fora, eu prometo, em nome da minha empresa e em meu nome, que nós vamos cuidar melhor do senhor do que qualquer outra pessoa. Ninguém vai dar o suporte que eu darei para o senhor aqui."

Técnica 5: opções positivas

Neste tipo de fechamento, você oferece ao cliente duas opções positivas, e a resposta a qualquer uma delas vai culminar na venda. Combina muito bem com o fechamento n. 1. Exemplos:
  "O senhor prefere pagar à vista ou a prazo?"
  "A senhora quer fazer em nome de pessoa jurídica ou pessoa física?"

Técnica 6: oportunidade única

Este fechamento já foi muito utilizado no passado devido à inflação, e não tem muita credibilidade hoje em dia. Mas, se a situação for verdadeira, é ainda uma boa maneira de se fechar vendas. Ninguém gosta de pagar mais caro ou perder uma oportunidade.

Técnica 7: medo de perder (ter prejuízo)

As pessoas compram por dois motivos: prazer de ganhar e medo de perder. Esse segundo ponto é muito comum, e apresenta uma grande vantagem: é pouco usado pelos vendedores. Diga ao cliente: "Além de mim, a empresa tem mais × vendedores que neste exato momento também estão oferecendo essa mesma condição a seus clientes. Não deixe para depois. Se o senhor não comprar agora, vai se arrepender mais tarde e nunca vai ficar satisfeito de verdade."

Técnica 8: depoimentos ou testemunhos

Já falamos sobre isso na apresentação de produtos ou serviços, mas essa técnica pode ser usada também no fechamento, para convencer clientes a comprar de você. Ela é uma forte aliada, e pode ser trabalhada isoladamente ou em conjunto com qualquer outro tipo de fechamento.

Na maioria das vezes, os clientes acreditam mais na palavra de um concorrente ou de outro cliente do que nas do vendedor. Portanto, tenha sempre em mãos depoimentos de clientes satisfeitos e use-os para fechar vendas.

Técnica 9: cale-se e venda

Dê o preço e cale a boca, pelo amor de Deus! Não se deve ficar falando e argumentando após dar o preço para o cliente. Isso faz parecer desculpa, justificativa, que o produto não vale o preço que está sendo cobrado, além de transmitir ansiedade e insegurança. O silêncio é a maior pressão que se pode fazer para um cliente comprar.

38 ideias e dicas para fechar vendas

1. Seja claro e objetivo, sem rodeios. Os compradores não gostam de vendedores prolixos.
2. Mantenha ao seu alcance todo o material para o fechamento: calculadora, tabela de preços etc. Vacile e perderá a venda. Tudo o que o cliente quer é uma chance de escapar.
3. Troque de voz. Coloque, por exemplo, sua supervisora para falar no arremate final. Isso dá força no fechamento e valoriza o cliente.
4. Pergunte: "De 1 a 5, qual é a possibilidade de o senhor comprar?" Não acredite em menos de 4,5!
5. Seja ousado, seja cara de pau, peça para os clientes comprarem, solicite mais pedidos e venda mais.
6. Dê alternativas. "O senhor quer que eu tire o pedido em nome de pessoa física ou jurídica? Prefere pagar no cartão ou no boleto? Receber na sua residência ou na empresa?"
7. Coloque um espelho no seu lugar de trabalho. Olhe para o espelho enquanto estiver falando. Você vai falar com mais força e mais entusiasmo.
8. Levante-se no momento do fechamento e fale em pé. O seu tom de voz ficará mais forte, imponente e persuasivo.

9. Valorize seu produto com a escassez. Todo mundo quer o que é difícil, limitado e especial.
10. Diga o que o cliente ganhará comprando de você. Explore o prazer de ganhar.
11. Diga o que ele perderá se não comprar de você. Explore o medo de perder.
12. Ofereça uma promoção especial ou algo diferenciado.
13. Proponha um período de teste e a devolução em caso de insatisfação (se for possível).
14. Faça uso de estatísticas e pesquisas.
15. Ofereça algo que a concorrência não faz. Algum diferencial no atendimento, por exemplo.
16. Informe os telefones de seus clientes para referências, desde que previamente autorizado por eles. Isso é muito poderoso no fechamento.
17. Presuma que o cliente comprou e tome a iniciativa de fechar. Não fique esperando.
18. Ofereça um desconto para uma quantidade maior ou para pagamento à vista.
19. Visite seu cliente para desenrolar o caso; se for uma venda grande, vale a pena.
20. Deixe o cliente falar e aguarde em silêncio, ouvindo com o máximo de concentração o que ele tem a dizer; ele mesmo dará as respostas do que precisa para fechar a venda.
21. Use a imaginação a seu favor, fazendo os clientes imaginarem os benefícios.

22. Pergunte: "Sinceramente, que possibilidades tenho de lhe vender?" Normalmente eles darão uma resposta honesta.
23. Prepare-se mentalmente para fechar vendas logo pela manhã.
24. Ensaie pelo menos três maneiras diferentes de fechar vendas.
25. Mantenha-se motivado mesmo após perder uma venda. Lembre-se: quem saiu perdendo foi o cliente que não comprou. Você tem vários outros clientes para ligar e visitar.
26. Esteja preparado para enfrentar resistências e antecipe-se às objeções que virão. Permaneça com uma atitude otimista durante todo o tempo. Essa é a alma da venda.
27. Não demonstre ansiedade para vender. Se o cliente perceber, você estará perdido.
28. Debater preços é estupidez. Mostre o valor agregado do seu produto.
29. Dedique-se mais ao fechamento. Sua remuneração é decorrência dos fechamentos.
30. Acompanhe o ritmo e a velocidade da fala do seu cliente ao telefone. Isso o ajudará nos fechamentos.
31. Fale: "Se o senhor fosse meu pai ou meu irmão, eu lhe aconselharia a comprar agora!"
32. Fale de maneira convincente e com objetividade e fechará mais vendas.
33. Após fechar a venda, ligue novamente e tente vender mais. Geralmente se consegue um novo pedido, mas cuidado para não perder a venda anterior.

34. Revise seus fechamentos. Eles são uma grande fonte de aprendizado.
35. Facilite a venda, não complique nem burocratize o fechamento com uma série de exigências. Comprar tem que ser simples, fácil e rápido. Não faça o cliente pensar.
36. Venda a ideia também para secretárias, assistentes ou recepcionistas. Elas têm grande influência nas decisões.
37. Faça de conta que você está proibido de ligar para o cliente uma segunda vez. Tente de tudo para vender na primeira ligação.
38. Seja sincero e nunca, em hipótese alguma, minta para fechar uma venda. Se a sua venda depender de uma mentira, é melhor perdê-la, porque a venda perdida você recupera no mês seguinte; a credibilidade, não!

Resumo

Neste capítulo você aprendeu:

- as fases de uma negociação moderna;
- planejamento de negociações;
- a persuasão e as seis armas que você pode usar;
- argumento da autoridade;
- argumento da reciprocidade;
- argumento da afeição;
- argumento da aprovação social;

- argumento do compromisso;
- argumento da escassez;
- execução de negociações;
- fechamento de vendas;
- como agir quando ele diz "Vou pensar. Me liga amanhã";
- as principais técnicas de vendas para fechamento;
- 38 ideias e dicas para fechar vendas.

Momento de reflexão

Do que você mais gostou neste capítulo sobre negociação e fechamento de vendas?

Quais foram as ideias ou técnicas que lhe chamaram a atenção e que você colocará em prática para vender mais?

Plano de ação:

Escreva aqui, de maneira clara, simples e objetiva, o que você colocará em pratica inspirado no capítulo que acabou de ler. É um compromisso com você mesmo!

_____
_____
_____
_____
_____
_____

PILAR N. 6: GARRA E METAS

Vendedores de alta performance têm muita garra e atingem suas metas!

Tudo o que tratamos nos cinco primeiros pilares dizem respeito a estratégias e técnicas de vendas. Como você viu, elas são muito importantes e em grande parte responsáveis pelo sucesso na carreira de um vendedor e nas vendas globais de qualquer empresa.

Mas o sexto pilar é diferente: é uma questão de postura mental. Sim, isso mesmo, postura mental. Tem a ver com a personalidade do vendedor. Alguns já nascem com essa predisposição aflorada, são altamente determinados por natureza; outros nem tanto. A boa notícia é que esse comportamento pode ser desenvolvido através de algumas orientações simples que daremos aqui.

Foco nos números

Vendas são resultado e ponto-final. Pouco importa se você faz tudo certo; se não trouxer o pedido no fim do dia, se não vender seu trabalho, não valeu nada. É duro ler isso, mas é a mais pura verdade quando se trata de vendas.

Vendedor vive de vendas e não de trabalho. Você é pago por vendas e não pela quantidade de horas que trabalha. Lógico que, por uma questão matemática, sabemos que, quanto mais você trabalhar, maiores as chances de vender, desde que esteja trabalhando corretamente.

Um detalhe que passa despercebido por muitos vendedores são os números, as metas de vendas. Atenção! Os números são seus melhores amigos, seus maiores aliados.

Todo vendedor, não importa o ramo de mercado em que atue, se trabalha no regime CLT ou como representante comercial, se externo ou telemarketing, ou se é uma promotora de vendas autônoma informal que vende produtos de beleza, deve olhar sua meta de vendas do mês pela manhã e se concentrar em quanto falta para atingi-la e no quanto precisa vender por dia.

Todo campeão de vendas sabe de cabeça qual a sua meta e quanto precisa vender por dia. Isso é sinal de comprometimento. *Vendedores que não têm a meta na cabeça não estão de fato comprometidos, e é quase certo que não vão atingir sua meta de vendas mensal.* Concentre-se diariamente em quanto você precisa vender no dia. Isso lhe dará uma força extra para buscar suas vendas.

Quadros de vendas e anotações

Muitas empresas adotam quadros de vendas para motivar suas equipes. Essa atitude é *altamente recomendada* por nós. É uma maneira de focar todo o time de vendas.

Não importa qual formato a sua empresa adote. O importante é que exista algum sistema visual no qual todos possam ver como está o seu próprio resultado e o quanto precisa vender.

Caso sua empresa não tenha nenhum desses sistemas, crie suas próprias anotações sobre sua meta em uma agenda, caderno, celular, tablet ou computador. O que você não pode é ficar sem um quadro de vendas. Todos os dias você tem que olhar quanto precisa vender naquele dia. Qual a sua meta? Isso colocará seu foco na busca do resultado.

A mágica da contagem regressiva

Existem quatro grupos diferentes de vendedores e empresas:

1. O primeiro grupo é composto por aqueles que não têm nenhum tipo de controle nem metas de vendas, simplesmente acordam e saem para vender sem um objetivo específico. A chance de fracassar é muito grande, porque estão sem direcionamento mental.
2. O segundo grupo é o daqueles que têm meta de vendas mensal, mas não existe um acompanhamento diário dela. Ou seja, a meta não é levada muito a sério.

3. O terceiro grupo é aquele que tem as metas de vendas claras e definidas, e diariamente as atualizam com as vendas do dia anterior. Ou seja, o vendedor vai marcando diariamente quanto vendeu, para saber a evolução do mês.
4. O quarto grupo é o melhor. É aquele que marca diariamente quanto falta para atingir a meta e não o acumulado de vendas. Esse é o melhor tipo de acompanhamento que observamos ao longo dos anos.

Concentre-se no que falta e não no que foi feito. O vendedor precisa olhar, visualizar e focar no que falta vender para atingir a meta e não no que já foi vendido. O que você já vendeu, vai receber na hora certa; você tem que estar focado no que terá que vender para fechar o mês bem. Vendedor não vive de passado, e vender é começar do zero todos os dias.

Use o poder da sua mente

Os quadros de vendas e controles de metas visuais que mostramos aqui funcionam porque direcionam seus pensamentos para um objetivo específico. Mas isso pode ser muito potencializado se você usar o poder da sua mente. Talvez esteja adormecido dentro de você.

Funciona assim:

O seu pensamento cria a imagem do que você quer, por exemplo, atingir sua meta de vendas. O desejo, a vontade atrairá e fará o universo conspirar a seu favor. A sua fé, a sua crença, a sua garra e certeza de que vai conseguir vão garantir que dará certo, e a mágica da vida vai realizar. O poder infinito não se explica: se usa!

Olhe para seu quadro de vendas ou suas anotações, veja quanto falta para atingir a meta e faça uma declaração positiva a respeito. Por exemplo:

"Eu imagino e vejo meus clientes comprando. Sei que vou vender hoje e tudo vai dar certo. Eu me vejo ganhando a comissão e imagino o que vou fazer com o dinheiro que ganharei hoje. Vou buscar essa comissão. Vou vender muito hoje."

Crie sua própria afirmação e, olhando para suas metas, repita-a em voz alta para si mesmo. Isso lhe dará uma força de gigante, e o milagre vai acontecer nas suas vendas.

O pensamento, potencializado pela emoção e reforçado pelo sentimento, transforma-se em realidade física. Tudo o que o homem consegue ou deixa de conseguir é resultado dos seus próprios pensamentos. Pense e se imagine atingindo a meta.

Se muitos vendedores são bem-sucedidos e ricos, você também pode ser um deles. Se eles tivessem usado a mente de maneira errônea, como você provavelmente usou a sua no passado, não teriam conseguido vencer na carreira. Mas agora você já aprendeu a usá-la para olhar para suas metas e fazê-la impulsionar você para a riqueza que vai conquistar.

Você sabia que o pensamento é o estopim do subconsciente? Emerson, grande pensador, disse: "O homem torna-se aquilo que pensa a maior parte do seu tempo." Dessa forma, o vendedor torna-se aquilo que pensa o dia inteiro.

Tudo o que a mente consciente aceita como verdadeiro, a mente subconsciente também aceita e realiza. Seu subconsciente tem uma força infinita e é capaz de realizar todos os seus desejos, mas ele nunca age sozinho, e sim de acordo com seus pensamentos. Ele não discute ordens, não raciocina; apenas obedece a seus pensamentos.

Quando você, em estado de relaxamento, visualiza suas metas sendo atingidas e cria essa imagem mental, está alimentando essa força interior.

O que você tem a fazer é mentalizar com fé, com a certeza de que já conseguiu. Deixe o restante para a sabedoria do seu subconsciente.

Você já ouviu a frase "Querer é poder"? Na verdade, como é o pensamento que aciona o subconsciente, o correto seria falar *pensar é poder,* porque tudo se inicia com o pensamento. Seu pensamento é capaz de produzir saúde, riqueza, paz, vendas, enfim, tudo.

Só existe uma forma de acionar esse poder divino infinito. É a visualização com fé! Fé é a certeza de que seu pensamento é verdadeiro. *Fé é quando ninguém mais acredita, mas você sim.* Acredite que seu pedido será atendido, pelo simples fato de pedir e acreditar. Toda ordem que você manda para o subconsciente com determinação ele trata de realizar.

O pedreiro não tem dúvida de que a água molha e de que, misturada a cimento, areia e pedra, ela fica dura. A cozinheira não tem dúvida de que, se quebrar um ovo no óleo quente, ele vai fritar. Quando vai pagar algo com cartão de débito, se digitar a senha correta e tiver saldo você sabe que o pagamento será feito.

A mesma lógica se aplica ao seu pensamento. Se você pedir com fé, pelo simples fato de pedir, será alcançado. Isso nunca falha. Fé é acreditar que a imagem colocada na sua mente se tornará realidade física.

Quando a imaginação, a fé e o trabalho forte e correto se unem, são multiplicados os poderes da força e da vontade. Por isso, é importante olhar para o quadro de vendas, saber o quanto você precisa vender no dia, se concentrar nisso, imaginar que conseguiu e ir trabalhar com foco e determinação.

A repetição é uma forma de impressionar o subconsciente. Quanto mais você repetir, mais acionará sua força mental para ajudar você nas vendas.

Você nasceu para viver em abundância. Entenda: essa é uma verdade absoluta. Pare de se sabotar e use a força da sua mente a seu favor. Se algo deu errado nas vendas nos meses passados, deixe isso de lado. O fracasso deve ser encarado de imediato como um fato do passado. Não permita que isso prejudique suas vendas de hoje.

Sua habilidade em estabelecer e atingir metas será um dos fatores mais importantes para você conseguir chegar ao topo. Não é possível atingir um alvo que não se pode avistar. Seja ousado porém cauteloso em suas metas, mas sabiamente ousado. Da mesma maneira, detalhe especificamente o que quer atingir, como e quando.

As pessoas de sucesso são as que não têm medo de se comprometer e que entendem que o sucesso exige foco, disciplina e ousadia para assumir riscos, compromissos e lutar pela realização das metas. Esta é a diferença entre ganhadores e perdedores.

De acordo com o que nosso amigo Raul Candeloro disse há muitos anos em uma palestra realizada em São Paulo, uma universidade americana fez uma pesquisa interessante. Perguntaram a cem formandos: "Qual o seu objetivo?" O resultado foi o seguinte: 84 não tinham objetivo; 13 tinham, mas só na cabeça; três tinham o objetivo escrito em papel. Passados dez anos, os pesquisadores voltaram a se encontrar com aqueles jovens, e o resultado foi que os ganhos somados dos três formandos que tinham os objetivos escritos em papel eram maiores que os ganhos dos outros 97 juntos! Será que foi sorte? Claro que não.

Para atingir objetivos e metas, tanto na carreira quanto na vida pessoal, é necessário:

1. **Foco**: o atirador só consegue acertar aquilo que está na mira.
2. **Vontade**: ninguém pode querer por você.
3. **Determinação**: quantas pessoas começam a estudar inglês ou a fazer uma dieta e desistem no meio do caminho?
4. **Visualização**: o poder da mente é muito forte. Imagine em detalhes o que deseja.

Acredito sinceramente que, se você deixar bem claro para si mesmo quais são seus motivos, ou seja, o que você quer, e seguir as dicas que leu neste livro, conseguirá tudo o que deseja na vida, porque você é o responsável pelo seu sucesso!

Frases que criam imagens negativas (pequenas)	Frases que criam imagens positivas (grandes)
O mercado está saturado.	Com certeza tem empresas novas que não nos conhecem ainda!
Sou muito jovem (ou muito velho) para isso.	Ser jovem é bom porque se tem tempo; ser velho é bom porque se tem experiência!
As vendas estão muito baixas.	Vamos pensar em ideias novas para aumentar as vendas!
O mercado está em crise.	Há os que choram e há os que vendem lenços!

Quando alguém perguntar "Como vai?", não responda: "Mal", "Cansado", "Duro", "Com dor de cabeça". Diga: "Bem!", "Ótimo!", "Muito bom!". Isso o fará se sentir bem.

Imagine-se como um grande vendedor, dirigindo um belo carro, com muito dinheiro no banco, assinando contratos de alto valor e ganhando muito dinheiro — e isso acontecerá.

Seja seguro e confie em você e no seu produto. Não se impressione com o tamanho da empresa ou com o cargo ocupado pelo cliente. Faça uma oferta alta (seu melhor ou mais caro produto) e com o tom de voz seguro.

O que separa uma pessoa do sucesso é sua atitude mental. Lá fora há uma riqueza imensa esperando por você.

Todas as coisas lhe serão dadas de acordo com seus pensamentos. Se deseja algo, crie isso em sua mente, acredite que já está recebendo e tudo acontecerá de acordo. Quanto mais forte, sincero e ardente o seu pensamento for, com mais rapidez e força seu subconsciente o tornará realidade. A força da mente produz a ação correspondente. E já agradeça, na certeza de que irá dar certo. Esse é o caminho para vender bem e ficar rico.

Boas vendas e sucesso!

Blindagem contra fofocas e pessoas negativas

Existem muitas pessoas que não acreditam em mais nada, e até perderam a vontade de lutar. Daí elas chegam diante de você e dizem: "Isso não vai dar certo! Está difícil!" Um ambiente com pessoas assim não é propício para vendas.

Você precisa tomar cuidado e se afastar desse tipo de pessoa. São indivíduos tóxicos, negativos, que não fazem bem, sugam sua energia e te levam para baixo. Afaste-se de pessoas negativas e fofoqueiras.

Nunca diga frases do tipo "Tá difícil, não vou conseguir; véspera de feriado não vende; este mês não é bom para vendas; a crise está feia, ninguém vende nada" etc. As palavras têm poder, porque entram na sua mente.

Se a palavra "crise" está presente na nossa equipe de vendas, estamos perdendo muito dinheiro, pois os vendedores que acreditam nela não vendem. Temos de blindar, implantar o positivismo, a fé, a esperança, e isso vem de cima para baixo. É impossível vender bem se os pensamentos forem negativos.

Cuidado com suas amizades, com as pessoas com quem convive. Alguém já disse que todo mundo é a média das cinco pessoas com quem mais convive. Analise seus amigos:

eles são pessoas positivas ou negativas? Outra coisa importante: você anda tendo mais pensamentos de sucesso ou de fracasso? *Você sempre vai para onde estão seus pensamentos.*

Coloque no setor de vendas de sua empresa um cartaz ou faixa dizendo: "Aqui é proibida a entrada da crise e de pessoas negativas."

Atenção! Você pode ter o melhor produto do mercado e o menor preço, mas, se a equipe estiver contaminada pelo vírus da crise e desmotivada, não venderá nada. O inverso também é verdadeiro: você pode ter um produto que não seja o melhor ou não tenha o menor preço, mas, se estiver motivado, venderá e ficará rico!

Resumo

Neste capítulo você aprendeu:

- a importância do foco nos números;
- como usar quadros de vendas e anotações;
- a mágica da contagem regressiva em vendas;
- como usar o poder da mente para vender mais;
- blindagem contra fofocas e pessoas tóxicas.

Momento de reflexão

Qual será sua declaração positiva para acionar a força do seu subconsciente?

Como você vai focar nas suas vendas diariamente?

Você têm tido pensamentos de sucesso, de fartura, de abundância? Ou tem pensado mais no fracasso, no medo, na falta de dinheiro?

Plano de ação:

Escreva aqui, de maneira clara, simples e objetiva, o que você colocará em pratica inspirado no capítulo que acabou de ler. É um compromisso com você mesmo!

_____
_____
_____
_____
_____
_____

PILAR N. 7: AUTOGESTÃO

Vendedores de alta performance fazem uma boa gestão pessoal!

Muitas vezes desperdiçado e pouco valorizado pelos vendedores, o tempo é um dos recursos mais valiosos que existem.

Administração do tempo para vendedores

Diferente de outros profissionais, o vendedor não vive apenas de trabalho; vive de resultados. Saber dizer não, ser produtivo e administrar o tempo de maneira eficaz é um desafio e tanto para os vendedores hoje em dia, e os resultados estão diretamente relacionados a essa boa gestão.

    A primeira coisa a fazer é tomar cuidado com os ladrões de tempo em vendas.

Ladrões de tempo em vendas

Tome cuidado: você pode estar perdendo muito dinheiro com o mau uso das redes sociais e e-mails.

O envio de uma série de propostas com a intenção de vender sem falar com o cliente é pura perda de tempo. E-mail e WhatsApp sozinhos não vendem nada; se vendessem, a empresa mandaria todos os vendedores embora e colocaria uma série de computadores disparando e-mails e mensagens de WhatsApp 24 horas por dia e colhendo os pedidos. Não é assim que funciona. *Quem vende é o vendedor*. Nenhuma tecnologia consegue ser tão eficaz quanto o tradicional "olho no olho".

O uso indiscriminado de e-mails e mensagens como tentativa, muitas vezes desesperada, de venda gera uma falsa sensação. Sabe qual? O vendedor diz para si mesmo: "Caramba, tô trabalhando duro, hein? Tô me esforçando. Já mandei mais de 250 e-mails hoje!" Cuidado! Trabalhar duro é uma coisa, vender é outra bem diferente.

O e-mail engana, dá a impressão de que você está vendendo, mas não é verdade. Você apenas está comunicando algo e tem poucas chances de fechar se precisar de uma assinatura ou de alguns dados cadastrais. Nunca vi um prospect responder a um e-mail dizendo: "Por favor, eu quero comprar. Estou louco para gastar dinheiro!"

Caso você deseje fazer algo a mais para aumentar suas vendas e buscar novas saídas para vender, tudo bem! Isso é admirável. Se você quer enviar e-mails, acho que deve tentar, mas atente-se a estes dois pontos:

1. Faça os envios fora do seu horário comercial. Chegue uma hora mais cedo, ou saia uma hora mais tarde para disparar os e-mails. Dessa forma, você não prejudicará o seu TAV (Tempo Ativo de Vendas), que é o tempo útil que você deve passar efetivamente conversando com os clientes.
2. Monitore o seu resultado; veja a quantidade de e--mails que enviou e cruze com as vendas que resultaram desses envios, assim você saberá se compensou. Pense nisso e tome cuidado, porque hoje em dia vender é o resultado de esforço e dedicação combinados à inteligência. O que garante o sucesso em vendas é o fechamento, e não o e-mail enviado!

Cuidado também para não ficar acessando as redes sociais a todo momento e perdendo o foco. Toda vez que você se distrai com algo pessoal, demora para voltar a ter a concentração necessária na tarefa que estava realizando. Recomendamos, em linhas gerais, que você acesse suas redes três vezes ao dia: antes de ir trabalhar, no horário de almoço e no final da tarde, após o expediente. Assim você conseguirá ficar bem focado nas vendas.

Evite reuniões estúpidas

Todo cliente deveria ler este trecho do livro. Isso diminuiria a quantidade impressionante de reuniões improdutivas que eles marcam com vendedores e que não levam a nada.

É verdade, também, que existem muitos vendedores que insistem em marcar reuniões com clientes sem um objetivo definido, se autoenganando com a ilusão do trabalho.

Antes de marcar ou aceitar uma reunião com o cliente, tente resolver:

a) **Por telefone.** Não de um celular ruim em um lugar barulhento, mas em uma ligação com qualidade e feita em ambiente silencioso. Assim resolve-se quase tudo que seria falado pessoalmente;
b) **Por e-mail ou WhatsApp.** São recursos ótimos para enviar arquivos, fotos e tudo mais que seria mostrado em uma reunião presencial;
c) **Por Skype, ou outro aplicativo similar de videoconferência.** É quase a mesma coisa que estar na frente do cliente. É claro que esse recurso dependerá muito da qualidade do sinal de internet de ambas as partes. O Skype ainda é menos usado do que deveria em reuniões de vendas devido à falta de hábito dos clientes.

Essas ferramentas ajudam muito a economizar tempo de deslocamento e gastos com combustível e estacionamento. Portanto, antes de qualquer reunião, pare e pergunte a si mesmo: essa reunião presencial é realmente necessária? Existe outra forma de resolver esse assunto de maneira mais rápida?

Sendo necessária, não arranje desculpas: pegue o carro ou outro meio de transporte e vá. Mas vá para vender e não para tomar cafezinho com o cliente em uma visita sem compromisso.

Delegar para focar

Quanto mais você crescer na vida, mais dinheiro ganhar e mais rico ficar, se quiser se manter no topo precisará dominar a arte de delegar.

Delegar é passar tarefas do dia a dia para outras pessoas fazerem por você ou para você, ficando livre para sua tarefa principal, que é vender.

Tarefas simples da sua rotina diária, como por exemplo, enviar e-mails marketing, mandar um pacote pelo Correio ou cobrar alguma pendência de um cliente, podem ser feitas por um assistente ou um estagiário, deixando o tempo do vendedor livre.

Isso também vale para assuntos pessoais, como marcar uma consulta no médico, levar o carro para trocar o óleo ou comprar alguma coisa no mercado. Vejo muitos vendedores pais e mães que se matam tentando se desdobrar em vários para fazer tudo enquanto, em casa, os filhos adolescentes estão deitados no sofá a tarde toda na internet ou no videogame. Será que os filhos não poderiam ajudar mais?

Quanto mais livre você estiver para vender, maiores serão as suas chances de prospectar e ter novos clientes.

Porém, tome três cuidados quando for delegar:

1. Delegar não é "delargar". Não é porque você pediu para alguém fazer algo que não deve acompanhar e se responsabilizar.
2. Você delega para ter tempo livre para seu foco principal, que é vender, e não para ficar mais tempo sem

fazer nada. Você deve compensar a delegação com um bom aumento de vendas.
3. O mais importante: não delegue seu talento. *Nunca delegue o dom que Deus lhe deu.* Tem coisas na vida que você faz melhor que qualquer outra pessoa, e isso não deve ser delegado: é seu dom natural. Também não delegue a venda, a nova ideia, a criação de uma estratégia. Pensar é obrigação do vendedor, e não se deve fugir covardemente dessa responsabilidade delegando a outros a sua função principal.

O poder do foco em vendas

Para nós, a melhor definição de foco encontrada até hoje foi dada pelo lendário e enigmático Steve Jobs: "Foco é saber dizer não." Definição simples e completa.

Foco é saber dizer não. Não a quê?

Não à perda de tempo.

Não a reuniões improdutivas.

Não a almoços caros e demorados.

Não a ladrões de tempo e a redes sociais no horário de vendas.

Não a tudo que atrapalha e desvia o foco da venda.

Manter-se 100% focado na venda é um dos trabalhos mais difíceis de um vendedor ou gerente de vendas. Se o vendedor trabalha na rua, isso é mais difícil ainda, porque ele tem liberdade durante o dia e é justamente aí que mora o perigo: nas escolhas erradas que diminuem a produtividade. Você tem o livre-arbítrio da sua vida, então *escolha ser produtivo e não ocupado.*

Ser produtivo e não ocupado

"O vendedor e o gerente de vendas precisam ser mais produtivos e menos ocupados." Essa frase foi dita em 2015 pelo nosso amigo, palestrante e presidente do Grupo KLA Edílson Lopes, enquanto tomávamos um café no centro de Convenções Rebouças, em São Paulo, durante um grande evento empresarial.

Conversamos um pouco a respeito, e é a mais pura verdade: é incrível como muitos vendedores, supervisores, gerentes de vendas e até mesmo empresários ficam atolados em trabalho burocrático no dia a dia. Sendo muito ocupados, acabam não tendo tempo para vender.

Esses profissionais sofrem de um descontrole total em relação a suas agendas e prioridades. Correm para lá e para cá, mandam um monte de e-mails e têm muitos retornos para dar aos clientes, fazem mil coisas e, no final do dia, percebem que não fizeram uma prospecção nova, por exemplo.

Ora, o que pode ser mais importante para um vendedor do que vender? É disso que estamos falando. É urgente a necessidade de organizar e priorizar melhor as ações do dia, objetivando vender.

Já falamos aqui antes, mas vale ressaltar: vendedor vive de vendas, de resultado, e não de trabalho. Quem ganha o dia independentemente do desempenho é um funcionário administrativo registrado, que vive de salário. Sem desmerecer o trabalho e a importância dos outros setores da empresa, eles não precisam vender; basta sentar e trabalhar. Nós, vendedores, não: vivemos de vendas, de comissões. Se não houver vendas, nós não ganhamos. Isso tem que ficar bem claro para todos os que desejam ser campeões de vendas.

Finanças pessoais para vendedores

Um erro comum entre os vendedores é gastar tudo o que recebem. Especialmente se for uma ótima comissão. O problema é que, se o mês seguinte não for bom, esse vendedor ficará em uma situação difícil, e poucas coisas prejudicam mais a produtividade e o desempenho de um vendedor do que um problema financeiro.

Geralmente não recebemos educação financeira na escola nem em casa, por isso a dificuldade em termos uma vida financeira estável e feliz. Tão importante quanto saber ganhar dinheiro é saber administrar corretamente o seu orçamento, fazendo o dinheiro trabalhar a seu favor.

É muito importante para todos, especialmente para o vendedor, ter uma reserva financeira para o futuro. Afinal, quem pretende depender da aposentaria do governo estará perdido: provavelmente não conseguirá se aposentar como seus pais ou avós conseguiram, e, se conseguir, já não estará mais na idade de poder desfrutar do melhor da vida.

Também é importante olhar para o futuro e entender que daqui a trinta anos você não terá a mesma saúde e disposição de hoje. Então, se não tiver poupado, provavelmente precisará continuar trabalhando duro para se sustentar ou terá que depender de favores da sua família para sobreviver.

Crie seu próprio sistema de aposentadoria, através de imóveis para locação, planos de previdência privada, aplicações de longo prazo ou qualquer outra forma de investimento que o agrade. O que importa é poupar para seu futuro.

Saia das dívidas e reorganize suas contas

Quando se está em dificuldade financeira devido a uma má gestão do dinheiro ou aos acasos da vida (e isso não vem ao caso aqui), o que importa é encontrar seu eixo novamente e pôr as coisas no lugar.

Eis algumas ações que poderão ajudar você ou, se não for o seu caso, servirão de alerta para você se blindar ainda mais contra as dívidas e orientar alguém que esteja passando por dificuldades.

1. Organize todas as suas contas em um caderno ou planilha de computador. Não importa o lugar: o importante é relacionar todas as despesas, tanto as fixas quanto as extraordinárias, que estão tirando o seu sono.
2. Corte ou reduza imediatamente o que puder ser cortado ou reduzido.
3. Peça ajuda a pessoas de sua confiança que tenham mais experiência em lidar com dinheiro e que sejam bem-sucedidas para renegociar suas dívidas junto a seus credores e bancos. Essa dica é importante, e pouca gente faz. Muitas vezes o vendedor não tem experiência e maturidade para se sentar com o gerente do banco e conversar sobre a sua situação, até porque está envolvido emocionalmente no problema.
4. Diante da renegociação e do parcelamento, monte seu plano de ação e vá pouco a pouco colocando a casa em ordem.

5. Tente aumentar seus rendimentos nesse momento. É um momento novo, em que você montou um plano de ação, a hora ideal para buscar uma renda extra com vendas que o ajudará a se reerguer nessa nova fase da vida.
6. Mude de hábitos e se afaste de amigos que gastam muito. Uma das principais causas do desequilíbrio financeiro dos vendedores é estar sempre junto de outros vendedores desequilibrados e que gastam muito, desde almoços extravagantes a happy hours caros. Você não tem que deixar de viver e de aproveitar as coisas boas da vida, mas precisa saber fazer escolhas conscientes.

O cartão de crédito é uma forma de pagamento e não uma fonte de renda. Só use o cartão como opção se tiver certeza de que tem o dinheiro para pagar 100% da fatura. Cheque especial é um empréstimo caríssimo. Não use.

Tenha uma reserva de emergência e, quando precisar de dinheiro emprestado, empreste dinheiro seu para você mesmo, assim evitará pegar do banco e se obrigará a repor no mês seguinte.

Quem é registrado tem o 13º salário, que é um dinheiro extra ótimo para poupar! Se organize para isso. Não tenha pressa de gastar e acumule dinheiro em sua conta. Isso faz bem para a autoestima e lhe dá segurança.

O hábito de poupar

Para ter 1 milhão de reais no banco, basta guardar 1 real um milhão de vezes. Essa é a essência de poupar. A disciplina de guardar pequenas quantias constantemente é que levará você a uma vida rica e de abundância.

Albert Einstein, um dos maiores gênios da humanidade, disse: "A maior invenção do homem nos últimos tempos não foi a bomba atômica, foram os juros compostos. O homem que descobrir o poder dos juros compostos ficará rico rapidamente."

Mostre o seguinte cálculo aos seus vendedores;

"Se uma pessoa poupar R$10 por dia durante 35 anos, terá acumulado, em média, R$129.080. Com os juros de mercado (taxa média acumulada), os ganhos obtidos serão R$870.920, o que totalizará R$1.000.000."

"Um centavo poupado é um centavo ganho", disse Benjamin Franklin.

Viva abaixo das suas possibilidades. Isso é muito importante para não perder o equilíbrio emocional. Viver com um padrão de vida acima das suas possibilidades ou no seu limite financeiro é muito estressante e arriscado. Basta qualquer imprevisto ou uma pequena oscilação no mercado e pronto: você já não tem dinheiro para honrar seus compromissos.

Gostamos muito de um conceito que é viver em abundância. Viver em abundância não tem nada a ver com viver ostentando. Viver em abundância é simplesmente viver com sobra, ou seja, viver abaixo das suas possibilidades. Por exemplo, quem ganha R$2.000 e vive com R$1.500 está vivendo em abundância, porque todos os meses estão lhe sobrando R$500. Já quem ganha R$10.000 e está endividado e desorganizado, mantendo um padrão de vida de R$13.500, não está vivendo em abundância mesmo ganhando cinco vezes mais do que quem ganha R$2.000.

Não é preciso muito para ser feliz. Você só precisa saber viver!

Mais algumas dicas:

- Poupe no mínimo 10% do seu ganho mensal. É o seu pagamento a você mesmo. Exemplo:

Se receber	Poupe no mínimo	Gaste
R$100,00	R$10,00	R$90,00
R$1.000,00	R$100,00	R$900,00
R$10.000,00	R$1.000,00	R$9.000,00

- Procure comprar à vista. Evite o uso de cartões de crédito ou cheque especial como complemento salarial.
- Pense na importância de um plano de previdência. Ele será, no futuro, uma importante reserva financeira.
- Coloque em um papel suas despesas fixas e não gaste além do seu ganho.
- Informe-se sobre finanças pessoais em livros, revistas e cursos. Há muita informação boa e gratuita disponível a respeito do assunto.
- Cuidado com modismos, promoções e marketing ou você acabará comprando o que não precisa, com o dinheiro que não tem, para se exibir para quem não gosta.

Dar a volta por cima, guardar dinheiro e acumular patrimônio não é fácil no começo, principalmente quando se está passando um momento difícil na vida. Mas é justamente nesse momento que você precisa ser mais forte e não desistir, levantar a cabeça e, com garra e sabedoria, ir para cima das vendas com força e positividade.

Quanto mais endividado um vendedor está, mais negativo, pessimista e mal-humorado ele fica. É preciso quebrar esse ciclo com sua força interior, porque, se você mudar, as coisas ao redor começarão a mudar também. *Lembre-se de que você sempre pode controlar seus pensamentos, e aí está a origem de tudo.* Mesmo na adversidade, mantenha-se otimista, principalmente por uma razão: ninguém gosta de fazer negócios com pessoas negativas e mal-humoradas. Independentemente da sua situação financeira, os clientes não são obrigados a receber um vendedor irritado, azedo ou de cara feia. Vender não é e nunca foi fácil, mas, se trabalharmos desmotivados e cabisbaixos, com certeza ficará ainda mais difícil.

Portanto, sorria e cumprimente seus colegas e clientes com vontade e alegria. Trabalhe com garra, paixão, tesão, fazendo mais do que lhe foi pedido. Surpreenda seu cliente e seu gerente. Faça do bom humor seu companheiro inseparável e insubstituível.

Motivação é ter motivos para a ação. Pense em qual é a sua, o que você quer para a sua vida, quais são seus sonhos. Os visualize nos momentos de dificuldade, pois isso lhe dará forças para seguir rumo ao sucesso.

Ser otimista é acreditar na vitória, acreditar que vai vender, bater a meta, apesar das dificuldades. O otimista não tem derrotas na vida, tem apenas vitórias e aprendizados. Foque no futuro, porque ele é muito maior que o passado.

Deixe de lado os problemas e as dificuldades. Procure sorrir, fazendo o seu melhor. Mude e o mundo ao seu redor mudará também.

Você foi feito para vencer, acredite! Só depende de você. A única barreira que separa você da riqueza é sua atitude mental. Libere seu potencial e viva para vencer!

Resumo

Neste capítulo você aprendeu:

- administração do tempo para vendedores;
- ladrões do tempo em vendas;
- evite reuniões estúpidas;
- delegue para focar;
- o poder do foco em vendas;
- seja produtivo e não ocupado;
- finanças pessoais para vendedores;
- saia das dívidas e reorganize suas contas;
- o hábito de poupar.

Momento de reflexão

Quais tarefas do dia a dia você poderia delegar a outras pessoas para se tornar mais produtivo e menos ocupado?

O que você aprendeu sobre reuniões de vendas?
Você vive em abundância?

Plano de ação:

Escreva aqui, de maneira clara, simples e objetiva, o que você colocará em pratica inspirado no capítulo que acabou de ler. É um compromisso com você mesmo!

_____
_____
_____
_____
_____
_____

COMECE AGORA!

Agora que já conhece os pilares do sucesso em vendas, desafiamos você a dar os primeiros passos rumo à vitória. O conhecimento por si só não é canal de mudança. Ele precisa vir acompanhado de ação. Aplicar o que se sabe é a grande diferença entre a pessoa inteligente e o sábio. O mundo está cheio de pessoas inteligentes, mas que não aplicam o que sabem. Ficam completamente estagnadas aguardando que as coisas aconteçam em suas vidas como um milagre. Aqueles que têm conhecimento mas não utilizam descem ao mesmo nível dos ignorantes.

Quando eu ainda era moleque e morava na roça, aprendi com meu pai, um homem simples que estudou apenas até a quarta série primária, a principal lição de vida em se tratando de atitude. Ele dizia que Deus realmente é importantíssimo em nossa vida e nos ajuda, mas, se você não levantar a bunda de cima do toco e for arrancar a erva daninha, ela não irá se arrancar sozinha.

Alexander Baer, professor e escritor, utiliza em seu trabalho algo que consideramos a melhor estratégia de negócios que existe, o famoso TBC. Tirar a Bunda da Cadeira. Para fazer a diferença não necessariamente é preciso ser intelectual. Muitas vezes ficamos obcecados em mudar o mundo e esquecemos que a mudança começa conosco.

Assuma de vez as rédeas da sua carreira e de sua vida. Não fique esperando o mundo terminar em barranco para morrer escorado. Você pode conquistar tudo o que almeja, mas para isso precisa acreditar em si mesmo.

Um ditado chinês fala que uma caminhada de mil quilômetros começa com a decisão do primeiro passo.

Portanto, sebo nas canelas, comece agora, comece onde você está, comece com medo, comece com dor, comece com dúvida, comece com as mãos tremendo, comece com a voz trêmula, mas comece... Comece e não pare nunca mais, comece com o que você tem. Apenas COMECE!

Comece agora e vá em direção ao topo, porque é lá que vamos nos encontrar!

Sucesso e boas vendas!

REFERÊNCIAS BIBLIOGRÁFICAS

CANDELORO, Raul. **Alta Performance em Vendas**. Curitiba: Quantum, 2016.

CANDELORO, Raul. **Proposta de Valor**: Coleção Introdução aos passos da venda. Curitiba: Quantum, 2014.

CONCER, Thiago. **Vendas não ocorrem por acaso**: O guia de vendas da equipe comercial. 2. ed. São Paulo: Canal 6 Editora Ltda, 2015.

DEÂNDHELA, Tathiane. **Faça o tempo trabalhar para você e alcance resultados extraordinários**. São Paulo: Ser Mais, 2016.

ERVILHA, Limão. **Habilidades de Negociação** . São Paulo: Nobel.

GITOMER, Jeffrey. **A bíblia de vendas**: Inclui Os 10,5 Mandamentos do Sucesso de Vendas. São Paulo: M.Books.

JOHNSON, Spencer. **O Vendedor Minuto**. São Paulo: Record.

JOSÉ WALDO, Camurça. **Negociação e Administração de Conflitos** . Rio de Janeiro: FGV Menagement, 2016.

RACKHAM, Neil. **Spin Selling**. São Paulo: Mcgraw-Hill, 2010.

ROSS, Aeron ; LEMKIN, Jason. **Hipercrescimento**. São Paulo: HSM, 2016.

TEVAH, Eduardo. **O Vendedor Diamante**. Porto Alegre: Independente.

TREVISAN, Lauro. **O poder do infinito**. São Paulo: Mente.

TZU, San. **A Arte da Guerra**. São Paulo: Ciranda Cultural, 2006.

Este livro foi composto na tipografia Palatino
LT Std, em corpo 11/16, e impresso em
papel off-white no Sistema Cameron da
Divisão Gráfica da Distribuidora Record.